上海智库报告文库
SHANGHAI ZHIKU BAOGAO WENKU

全球叙事

上海国际传播能力提升战略

索格飞 著

上海人民出版社

编审委员会

主　　任：赵嘉鸣

副主任：权　衡　周亚明

委　　员（以姓氏笔画为序）：

　　　　　　干春晖　王为松　叶　青　吕培明

　　　　　　刘元春　祁　彦　阮　青　李友梅

　　　　　　李安方　李岩松　张忠伟　陈东晓

　　　　　　陈志敏　陈殷华　顾　锋　顾红亮

　　　　　　梅　兵　曾　峻　温泽远

序

　　智力资源是一个国家、一个民族最宝贵的资源。建设中国特色新型智库，是以习近平同志为核心的党中央立足新时代党和国家事业发展全局，着眼为改革发展聚智聚力，作出的一项重大战略决策。党的十八大以来，习近平总书记多次就中国特色新型智库建设发表重要讲话、作出重要指示，强调要从推动科学决策、民主决策，推进国家治理体系和治理能力现代化、增强国家软实力的战略高度，把中国特色新型智库建设作为一项重大而紧迫的任务切实抓好。

　　上海是哲学社会科学研究的学术重镇，也是国内决策咨询研究力量最强的地区之一，智库建设一直走在全国前列。多年来，上海各类智库主动对接中央和市委决策需求，主动服务国家战略和上海发展，积极开展研究，理论创新、资政建言、舆论引导、社会服务、公共外交等方面功能稳步提升。当前，上海正在深入学习贯彻习近平总书记考察上海重要讲话精神，努力在推进中国式现代化中充分发挥龙头带动和示范引领作用。在这一过程中，新型智库发挥着不可替代的重要作用。市委、市政府对此高度重视，将新型智库建设作为学习贯彻习近平文化思想、加快建设习近平文化思想最佳实践地的骨干性工程重点推进。全市新型智库勇挑重担、知责尽责，紧紧围绕党中央赋予上海的重大使命、交办给上海的重大任务，紧紧围绕全市发展大局，不断强化问题导向和实践导向，持续推出有分量、有价值、有思想的智库研究成果，涌现出一批具有中国特色、时代特征、上海特点的新型智库建设品牌。

"上海智库报告文库"作为上海推进哲学社会科学创新体系建设的"五大文库"之一，是市社科规划办集全市社科理论力量，全力打造的新型智库旗舰品牌。文库采取"管理部门＋智库机构＋出版社"跨界合作的创新模式，围绕全球治理、国家战略、上海发展中的重大理论和现实问题，面向全市遴选具有较强理论说服力、实践指导力和决策参考价值的智库研究成果集中出版，推出一批代表上海新型智库研究水平的精品力作。通过文库的出版，以期鼓励引导广大专家学者不断提升研究的视野广度、理论深度、现实效度，营造积极向上的学术生态，更好发挥新型智库在推动党的创新理论落地生根、服务党和政府重大战略决策、巩固壮大主流思想舆论、构建更有效力的国际传播体系等方面的引领作用。

党的二十届三中全会吹响了以进一步全面深化改革推进中国式现代化的时代号角，也为中国特色新型智库建设打开了广阔的发展空间。希望上海新型智库高举党的文化旗帜，始终胸怀"国之大者""城之要者"，综合运用专业学科优势，深入开展调查研究，科学回答中国之问、世界之问、人民之问、时代之问，以更为丰沛的理论滋养、更为深邃的专业洞察、更为澎湃的精神动力，为上海加快建成具有世界影响力的社会主义现代化国际大都市，贡献更多智慧和力量。

中共上海市委常委、宣传部部长　赵嘉鸣

2025 年 4 月

目　录

前　言　　　　　　　　　　　　　　　　　　　　　　　　　001

第一章　上海提升城市国际传播能力的战略导向　　　　003

　　第一节　助力提升国际传播话语权　　　　　　　　004

　　第二节　展示中国式现代化的上海实践　　　　　　009

　　第三节　建构文明交流互鉴典范城市形象　　　　　016

第二章　上海提升城市国际传播能力的理论阐释　　　　023

　　第一节　城市形象国际传播机理　　　　　　　　　023

　　第二节　城市形象国际传播的演进　　　　　　　　034

　　第三节　城市形象国际传播新趋势　　　　　　　　045

第三章　国内外媒体呈现的上海城市形象　　　　　　　055

　　第一节　谷歌新闻（Google News）新闻聚合平台上
　　　　　　的上海形象　　　　　　　　　　　　　　056

　　第二节　优兔（YouTube）和抖音国际版（TikTok）
　　　　　　国际社交平台上的上海形象　　　　　　　060

　　第三节　国内社交媒体平台上的上海形象　　　　　065

第四节　媒体助力城市形象国际传播的启示　069

第四章　个体感知的上海城市形象　073

第一节　在沪外国留学生眼中的上海形象　074

第二节　在沪外籍从业者眼中的上海形象　077

第三节　本地人眼中的上海形象　080

第四节　多元文化群体助力城市形象国际传播的
　　　　启示　083

第五章　上海提升城市国际传播能力的优势与不足　087

第一节　上海提升城市国际传播能力的战略优势　087

第二节　上海提升城市国际传播能力的短板及
　　　　不足　093

第三节　上海提升城市国际传播能力的重大
　　　　机遇　097

第六章　上海提升城市国际传播能力的战略构想　110

第一节　"一体两翼"的战略框架设计　111

第二节　"一体两翼"的目标愿景定位　114

第三节　"一体两翼"的实施路径　117

第七章　上海提升城市国际传播能力的策略建议　131

第一节　营造多元文化环境　131

第二节　增强市民跨文化交际能力　135

第三节　发挥 Z 世代的主体作用　　　　　　　139

第四节　拓展城市外交渠道　　　　　　　　　142

第五节　优化数智科技支撑　　　　　　　　　147

第六节　强化国际传播效能监测　　　　　　　150

参考文献　　　　　　　　　　　　　　　154

附录：国际大都市跨文化融合案例　　　　164

后　记　　　　　　　　　　　　　　　203

前　言

当今世界正处于百年未有之大变局，经济全球化、政治多极化的形势愈演愈烈。复杂多变的世界局势和互联网发展催动的世界互动关系，导致了世界各国交往关系越发分化、复杂。随着国际秩序出现的新情况、新变化，中国与世界各国需要加强对话、增进了解，合力应对国际议题。为此，中国不仅需要以更开放的姿态拥抱多变的世界，而且需要通过国际传播让世界各国更好地了解中国。立足国内外发展大局和新时代的发展形势，如何讲好中国故事、传播好中国声音、增强我国国际话语权、提升国际传播能力是我国必须解决好的一个重大问题。

2021年5月31日，习近平总书记在主持中共中央政治局第三十次集体学习时明确提出："必须加强顶层设计和研究布局，构建具有鲜明中国特色的战略传播体系，着力提高国际传播影响力、中华文化感召力、中国形象亲和力、中国话语说服力、国际舆论引导力。"为加强和改进我国国际传播能力建设提供了思想引领和政策导向。

具有深厚的历史底蕴和时代活力的城市，不仅是多元文化的重要承载空间，而且是国家软实力的重要体现。上海的城市形象是国家软实力的重要组成部分，在整体国家形象的塑造中发挥着重要作用。习近平总书记多次强调，上海要建成具有国际影响力的社会主义现代化国际大都市。本书立足上海建设社会主义现代化国际大都市的目标定位，运用城市形象、跨文化交际、国际传播等领域的理论框架，从国内外媒体呈现的城市国际形象的现状特征和短板不足出发，提出展现社会主义现代化国际大都市特色、提升上海国际传播能力的战略构想和路径策略。

具体而言，基于 2024 年至 2025 年上海城市形象的国际传播现状和趋势展开，课题组一方面收集了优兔（YouTube）、抖音国际版（TikTok）等国际知名社交媒体平台，谷歌新闻（Google News）为代表的聚合类新闻平台以及抖音、小红书等为代表的国内社交媒体平台上关于上海的 500 条新闻报道和短视频；另一方面，对 250 位在沪学习和工作时间超过 3 个月的国际人士以及 80 位上海本地人做了问卷调研，获取他们对上海城市形象的直观认知，在此基础上深入解析上海城市形象国际传播的现状、特征以及存在的问题。本书第一章首先提出上海提升城市国际传播能力的战略导向，第二章从理论层面对城市形象和国际传播相关概念框架进行阐释，第三章和第四章呈现和分析实证研究数据，第五章对照目标导向和现状特征解析上海提升城市国际传播能力的优势和不足，第六章和第七章从"建设社会主义现代化国际大都市"的视角，提出上海提升城市国际传播能力的"一体两翼"的战略构想，并从六个维度进一步解析上海提升社会主义现代化国际大都市形象的具体路径策略。

第一章
上海提升城市国际传播能力的战略导向

      国际传播能力是有组织、有目标地运用媒体向全球公众传播信息，进而塑造国际形象、影响国际舆论并获得国际认同的能力。党的十八大以来，习近平总书记就国际传播能力构建多次发表重要论述。他强调："讲好中国故事，传播好中国声音，展示真实、立体、全面的中国，是加强我国国际传播能力建设的重要任务。要深刻认识新形势下加强和改进国际传播工作的重要性和必要性，下大气力加强国际传播能力建设，形成同我国综合国力和国际地位相匹配的国际话语权，为我国改革发展稳定营造有利外部舆论环境，为推动构建人类命运共同体作出积极贡献。"[1]"推进国际传播格局重构，深化主流媒体国际传播机制改革创新，加快构建多渠道、立体式对外传播格局。"[2]

---

[1] 《习近平在中共中央政治局第三十次集体学习时强调：加强和改进国际传播工作 展示真实立体全面的中国》，《人民日报》2021年6月2日。

[2] 《中共中央关于进一步全面深化改革 推进中国式现代化的决定》，载新华网，2024年7月21日。

这些重要论述，对上海确立国际传播目标、构建国际传播叙事体系框架，进而提升城市国际传播能力提供了根本遵循。

第一节　助力提升国际传播话语权

当代中国正经历着我国历史上最为广泛而深刻的社会变革，正进行着人类历史上最为宏大而独特的实践创新，不乏生动的故事。改革开放 40 多年来，特别是党的十八大以后，上海的开路先锋、示范引领、突破攻坚作用日益突出。讲好上海故事，对推动形成同我国综合国力和国际地位相匹配的国际话语权意义重大。

一、挖掘利用城市叙事资源

叙事资源是故事或信息的源头，是构建叙事框架和内容的基础。没有丰厚的叙事资源，就难以持续吸引国际受众，获得国际传播话语权。上海是我国改革开放的排头兵、创新发展的先行者，有着丰富的内外交往积淀，具备多元的文化基因，蕴含多彩的发展素材，城市叙事资源丰厚而独特。

梳理城市历史脉络。上海在近代中国乃至世界历史上具有特殊性和代表性，背后许多"最上海"的故事和历史经验等待总结与发掘。这片土地承载着城市文化基因，蕴藏着人民智慧，传承着历史记忆，是乡愁所依、文脉所系、底蕴所在。系统梳理上海城市发展的历史脉络，有助于从城市记忆、人民记忆、中华记忆多个维度构建上海城市历史叙事。以珍爱之心、尊崇之心善待历史遗存，加强对历史建筑、风貌街区、革命遗址、工业遗迹的保护利用，将赋予传统历史文化更富创意的"打开方式"，使典籍中的上海、文物中的上海、遗迹中的上海在穿越时空中呈现活态。例如，上海的"海派城市考古"活动，既是公众参与平台，也是资源挖掘渠道。它以考古为切入点推动发现城市、体验城市、分享城市、推介城市，实现都市文旅资源的再挖掘、都市文旅价值的再发现、都市美好生活的再体验，成为城市叙事的重要内容。

重建城市影像记忆。在数字化向数据化转型中，语义网、知识图谱、虚拟现实、智能设备和交互设计等技术得以应用，为消逝的城市记忆进行数字重构提供了可能。例如，上海图书馆实施的"上海年华"项目就是一个成功案例。该项目以上海历史文化为背景，收集整理近代文献中的老照片，组成多重繁复的城市影像记忆。在此基础上，依托上海年华知识图谱和上海记忆数据基础设施，尝试通过具身认知的交互设计手段，将不同历史时空的地标建筑对城市文化发展的影响以交互可视化的形式呈现出来。采用互动数字叙事，引导用户在互动过程中参与数据挖掘与分析，最终得出基于参观者自身认知结构的叙事路径。[1]

营造新型叙事空间。在建设习近平文化思想最佳实践地过程中，上海紧扣城市文化，着力营造城市阅读与阅读城市的双生景观，让人民充分享受上海这座城市的暖意、惬意和诗意。例如，在由中央宣传

---

[1]　铁钟、夏翠娟、沈洁:《城市影像资源的数字记忆重建——"上海之源·文化地标"互动数字叙事设计实践》,《图书馆论坛》2024 年第 44 期。

部指导、中国书刊发行业协会主办的"第二届全民阅读大会·年度最美书店"评选中，上海吴中路上的新华文创·光的空间获评2023年度最美书店。该书店总建筑面积约5000平方米，其中30%空间纳入高品质文创产品。书店特色是以书为媒、以阅读为原点、以文化为核心动力，将阅读、艺术与生活融合一体，较好满足市民"视觉＋文字"立体阅读的多元需求，提供一种全新的生活方式，成为上海国际大都市有灵魂有引领性的文化艺术空间。它与朵云书院·戏剧店等，催生一批新的城市叙事资源，形成新的美好生活叙事模式。

二、加快构建全球叙事体系

构建叙事体系，既是发挥认识主体能动性的过程，也是彰显文化主体性的过程。习近平总书记指出："要加快构建中国话语和中国叙事体系，用中国理论阐释中国实践，用中国实践升华中国理论，打造融通中外的新概念、新范畴、新表述，更加充分、更加鲜明地展现中国故事及其背后的思想力量和精神力量。"[1] 上海注重理论联系实际，着力打造融通中外的新概念、新范畴、新表述，构建更具传播力的全球叙事体系。

守住中华文化立场构建叙事。中华优秀传统文化是中华民族的突出优势，坚守中华文化立场是深化文化自觉、提升文化自信和引领文化自强的必然要求。文化立场蕴含叙事诉求，上海作为社会主义现代化国际大都市，构建全球话语和叙事体系必须坚守中华文化立场，切

---

[1]《习近平谈治国理政》第4卷，外文出版社2022年版，第316—318页。

实传承中华文化基因，着力推动中华优秀传统文化创造性转化、创新性发展。在传承创新中，把个性的城市精神标识提炼出来、展示出来，让上海本土的变成世界的，让世界体验上海特色、上海精神、上海智慧。

立足上海创新实践构建叙事。创新实践是叙事体系的载体源泉。城市具体的叙事活动和行动，对其叙事价值的实现至关重要。为此，上海的全球叙事体系必须来自上海的创新实践，不能凭空搭建。在建设具有世界影响力的社会主义现代化国际大都市进程中，上海蕴含无穷的奋斗追梦实践故事，表达城市敢为人先的开放进取精神，展现城市生动的生产生活、价值追求、情感体验，为全球叙事体系构建持续提供富有活力的实践支撑。

发挥双向开放优势构建叙事。上海对内对外连接通达，是我国扩大开放、促进交流的枢纽窗口。面向国内，上海基于国家区域发展战略，着力推动与长三角、长江经济带城市之间的复合型叙事整合，构建长三角一体化、长江经济带协同发展叙事。面向国际，上海基于城市门户枢纽功能，发挥"一带一路"桥头堡作用，着力推进与友好城市的叙事体系互动。例如，基于上海博物馆与共建"一带一路"国家进行全面合作，与斯里兰卡组建联合考古队进行勘探发掘，与柬埔寨政府共建绿色技术银行金边中心等，构建"一带一路"新叙事。

三、率先提升全球叙事效能

传播力决定影响力。党的二十届三中全会审议通过的《中共中央关于进一步全面深化改革　推进中国式现代化的决定》提出："加快构建中国话语和中国叙事体系，全面提升国际传播效能。"[1]上海将加快打造体现民族性、全球性、包容性的国际传播格局、矩阵和生态，率先提升全球叙事的深度、广度和精度。

着力提升内容品质。加强国际传播理论研究、把握国际传播的基本规律、重视传播内容的当代价值和世界意义，是提升国际传播效能的根本保证。以"上海元素"为核心，挖掘提炼具有上海特色的城市形象视觉符号体系，集中打造一批展示上海城市形象的优秀案例和优质品牌。立足全球话语和共通叙事，深入挖掘传播素材，专业打造内容精品，将上海故事进行创造性转化和创新性发展，获得国际受众共情共鸣。

全面拓展平台渠道。在国际传播中，长期存在信息流进流出的"逆差"、真实形象和西方主观印象的"反差"、软实力和硬实力的"落差"，有理说不出、说了传不开问题突出。[2]面对"三差"，上海下大力气建好平台、搭好通道、广交朋友，团结和争取大多数，不断扩大知沪友沪的国际舆论朋友圈，以不断扩大朋友圈、推动对话沟通来"补差"。例如，发挥"感知上海"平台作用，建强适应新时代国际传播需要的专业人才队伍，鼓励和支持各类民间主体参与对外传播，营造"人人都是精彩故事传播者"的良好氛围。又如，用好中国国际进口博览会（China International Inport Expo）、世界城市日等重大平台，通过举办国际赛事、会展、节庆、论坛等重大活动，提升上

---

[1]《中共中央关于进一步全面深化改革　推进中国式现代化的决定》，《人民日报》2024年7月22日。

[2] 陈方刘：《运用中华文化提高国际话语权》，《人民论坛》2021年第29期。

海城市国际形象。

持续创新传播模式。为增强国际传播的亲和力和实效性，党中央要求采用贴近不同区域、不同国家、不同群体受众的精准传播方式，推进中国故事和中国声音的全球化表达、区域化表达、分众化表达。适应从历史底蕴向时代风貌精神延伸、从国际重大事件向日常生活拓展、从现实表征向数字化迈进、从建构议题向建设自主渠道转型等趋势，上海加快推动城市国际传播理念升级。例如，上海发挥外国人集聚优势，注重以外国人视角来推动上海出圈。[1] 为迎接党的百年华诞，上海市人民政府新闻办公室与新民晚报社共同策划，历时半年精心制作了《百年大党——老外讲故事》百集融媒体系列产品。来自全球六大洲 30 多个国家的科学家、企业家、艺术家、体育明星和创业者在镜头面前娓娓诉说在中国、在上海生活工作的所见所闻所感，"上海是全球咖啡馆最多的城市，给了我很多充电时间""上海是一座有趣的城市，让我相信我居住在未来""爱上上海的理由，还有很多"等真实表达，达到了一种润物细无声的国际传播效果。

第二节　展示中国式现代化的上海实践

现代化之于我国，是一场历史性的跨越。党的二十大擘画了以中

---

[1] 姜泓冰、黄晓慧、曹玲娟：《提升全球叙事能力，上海讲好中国故事》，《人民日报》2021 年 6 月 25 日。

国式现代化全面推进中华民族伟大复兴的宏伟蓝图，明确了高质量发展是全面建设社会主义现代化国家的首要任务。作为世界了解中国的重要窗口，上海的创造性实践在一定程度上承担了"主动诠释"中国式现代化的使命。

一、阐明现代化实践内涵要求

2023年是贯彻落实党的二十大精神的开局之年，习近平总书记在上海考察时强调："上海要完整、准确、全面贯彻新发展理念，围绕推动高质量发展、构建新发展格局，聚焦建设国际经济中心、金融中心、贸易中心、航运中心、科技创新中心重要使命，以科技创新为引领，以改革开放为动力，以国家重大战略为牵引，以城市治理现代化为保障，勇于开拓、积极作为，加快建成具有世界影响力的社会主义现代化国际大都市，在推进中国式现代化中充分发挥龙头带动和示范引领作用。"[1]

明确"五个中心"主攻方向。习近平总书记指出："加快'五个中心'，是党中央赋予上海的重要使命。上海要以此为主攻方向，统筹牵引经济社会发展各方面工作，坚持整体谋划、协同推进，重点突破、以点带面，持续提升城市能级和核心竞争力。要以科技创新为引领，加强关键核心技术攻关，促进传统产业转型升级，加快培育世界级高端产业集群，加快构建现代化产业体系，不断提升国际经济中心

---

[1]《习近平在上海考察时强调：聚焦建设"五个中心"重要使命　加快建成社会主义现代化国际大都市》，《人民日报》2023年12月4日。

地位和全球经济治理影响力。要加强现代金融机构和金融基础设施建设，实施高水平金融对外开放，更好服务实体经济、科技创新和共建'一带一路'。要深入实施自由贸易试验区提升战略，推动国际贸易中心提质升级。要加快补齐高端航运服务等方面的短板，提升航运资源全球配置能力。要推进高水平人才高地建设，营造良好创新生态。要加强同长三角区域联动，更好发挥辐射带动作用。"

创造性谱写中国式现代化上海新篇章。上海市委深入学习贯彻习近平新时代中国特色社会主义思想和党的二十大精神，全面落实习近平总书记考察上海重要讲话精神和对上海工作重要指示要求，进一步细化各项任务要点。十二届市委三次、四次全会明确，全市要以全面深化改革为根本动力，加快提升劳动生产率和核心竞争力；以强化"四大功能"为主攻方向，持续提升城市能级和核心竞争力；以弘扬城市精神品格为重要支撑，推进国际文化大都市建设，加快提升文化软实力；深入践行人民城市理念，不断提高城市治理现代化水平；更好发挥龙头带动作用，着力推动长三角一体化发展取得新的重大突破；以高水平制度型开放为战略引领，更好参与国际合作与竞争，努力成为国内大循环的中心节点和国内国际双循环的战略链接。

二、展示现代化实践进展成效

踏上新征程，上海全面贯彻落实党中央中国式现代化部署。市第十二次党代会提出，无论是奋进新征程、建功新时代，还是创造新奇迹、展现新气象，对上海来说，最集中的目标就是要加快建设具有世界影响力的社会主义现代化国际大都市。上海将以创造性的探索，赋予中国式现代化生动的实践内涵，更好地向世界展示中国式现代化的光明前景。

围绕核心功能，持续拓展升级路径。根据十二届市委三次、四次全会部署，上海着力强化全球资源配置功能，彰显高质量发展的战略位势，做大做强资本要素市场，高效配置关键要素资源，提升经营主体全球运作的水平。强化科技创新策源功能，激发高质量发展的澎湃动力，加强基础研究，加快关键核心技术攻关和科技成果转移转化，构建具有全球竞争力的开放创新体系。强化高端产业引领功能，发挥高质量发展的示范作用，聚焦三大先导产业和未来产业打造世界级产业集群，以六大重点产业为主推动智能化、绿色化、融合化发展，发挥生产性服务业对产业升级的赋能作用，培育具有标杆示范意义的世界一流企业。[1]强化开放枢纽门户功能，提升高质量发展的辐射能力，深化规则、规制、管理、标准等制度型开放，深化贸易投资自由化、便利化，提升走出去发展竞争力，打造世界级航运枢纽。

聚焦发展动力，不断开创改革开放新局面。从浦东开发开放，到建设全国首个自贸试验区，再到推进三项新任务，上海始终是我国改革开放的前沿阵地。面对世界百年未有之大变局，上海坚定不移吃改革饭、走开放路、打创新牌，主动锚定世界最高标准、最好水平，推进高水平改革开放走深走实。围绕"五个中心"主攻方向，上海聚精会神攻坚克难，显著增强改革开放的整体性、协同性和创造性，不断更新和丰富改革开放排头兵、创新发展先行者的时代内涵。

---

[1]《深化高水平改革开放　推动高质量发展》,《劳动报》2023 年 7 月 5 日。

直面根节问题，主动寻求系统解决方案。上海是一座超大城市，这样一个极为复杂的巨型系统，牵一发而动全身。上海经济已迈上5万亿元台阶，但对标国家交予的使命任务和世界先进水平，仍存在一些差距。为此，上海直面高质量发展进程中面临的根节问题，积极探索技术逻辑、市场逻辑、治理逻辑有机统一的新路径，把敢闯敢试作为新征程上深化高水平改革开放最重要的使命和最重大的责任，努力形成系统化、体系化方案设计。在推进落实过程中，上海改变以往"九龙治水""单兵突进"的局面，探索建立统筹推进机制，强化协同配合，紧紧围绕抓重点、破难点、通堵点同向发力，稳步将"施工图"变成"实景画"。[1]

三、传播人民城市建设创新理念

2019年11月，习近平总书记在上海考察时首次提出"人民城市人民建，人民城市为人民"重要理念，指出"无论是城市规划还是城市建设，无论是新城区建设还是老城区改造，都要坚持以人民为中心，聚焦人民群众的需求，合理安排生产、生活、生态空间，走内涵式、集约型、绿色化的高质量发展路子，努力创造宜业、宜居、宜乐、宜游的良好环境"。[2]之后，习近平总书记多次对上海人民城市建设作出重要指示。

---

[1]　王闲乐、周程祎、顾杰：《当好高水平改革开放的开路先锋》，《解放日报》2023年7月5日。

[2]　《习近平在上海考察时强调：深入学习贯彻党的十九届四中全会精神　提高社会主义现代化国际大都市治理能力和水平》，《人民日报》2019年11月4日。

全过程落实人民城市理念。在城市发展过程中，上海坚持以人民为中心，解决人民群众关心的问题，破解城市治理的难题，建设人与人、人与自然和谐相处的美好城市。人民城市理念的主要内容与中国特色城市发展道路相融合，体现在城市规划、建设、管理和治理过程中。[1]

大力度探索民生建设思路。上海牢记习近平总书记的殷殷嘱托，自觉把人民城市理念贯彻到城市发展全过程和城市工作各方面，不断强化普惠性、基础性、兜底性民生建设，民生福祉获得持续提升。坚持尽力而为、量力而行，完善基本公共服务制度体系，用心用情用力推进民心工程、办好民生实事，增强人民群众获得感、幸福感、安全感。

有序推进旧区改造。近年来，"两旧一村"（零星二级旧里以下房屋、小梁薄板等不成套旧住房和"城中村"）改造是上海市推进的一项重要民生工程，旨在改善居民的居住品质和生活环境，提升城市形象。2022年上海发布《关于加快推进旧区改造、旧住房成套改造和"城中村"改造工作的实施意见》，计划分三阶段推进旧住房成套改造：2025年底前基本完成小梁薄板房屋的改造任务，2027年底前实现全面改造；2032年前完成不成套职工住宅的改造。

创新完善城市治理。推进城市治理实践中，上海广泛征集群众建议，一大批人民群众的"金点子"转化为城市治理的"金钥匙"。朝着"人人都有人生出彩机会、人人都能有序参与治理、人人都能享有品质生活、人人都能切实感受温度、人人都能拥有归属认同的城市"

---

[1] 章钊铭：《新时代"人民城市"理念研究述论》，《经济与社会发展》2021年第19期。

的方向，上海正加快打造人民城市重要理念最佳实践地，奋力谱写新时代"城市，让生活更美好"新篇章。

四、弘扬卓越城市精神品格

城市在发展中孕育城市精神，城市精神又促进城市发展，并引领城市未来。可以说，城市精神体现城市的文明程度和现代化程度。追求卓越的城市精神正是在与上海城市发展的互动中孕育、积淀、演进，并内化为城市生活的理念，融合于市民的日常生活，最终升华为城市文化的灵魂。[1]

确立方向思路。2007年，时任上海市委书记习近平同志在上海市第九次党代会上作工作报告，明确提出与时俱进地培育城市精神，在海纳百川、追求卓越基础上新增开明睿智和大气谦和。[2] 2021年，上海市委发布《关于厚植城市精神　彰显城市品格　全面提升上海城市软实力的意见》，提出上海以培育和践行社会主义核心价值观为根本任务，以弘扬"海纳百川、追求卓越、开明睿智、大气谦和"的城市精神和"开放、创新、包容"的城市品格为价值引领，奋力打造向世界展示中国理念、中国精神、中国道路的城市样板，为加快建设具有世界影响力的社会主义现代化国际大都市提供不竭力量。

明确目标取向。上海坚持面向全球、面向未来，着力打造成为引

---

[1] 吴立群：《"追求卓越"——城市精神和上海的发展》，《贵阳学院学报》（社会科学版）2016年第11期。

[2]《"开明睿智才能进一步海纳百川"——"习近平在上海"系列报道之二》，载央广网，2017年9月27日。

领未来超大城市发展的典范标杆。让核心价值凝心铸魂，培育和践行社会主义核心价值观走在前列，市民文明素质和城市文明程度全面提升，城市精神品格不断彰显新的光彩。在上海形成既讲规则秩序、又显蓬勃活力，既有国际风范、又有东方神韵，既能各美其美、又能美美与共，既可触摸历史、又能拥抱未来，既崇尚人人奋斗出彩、又体现处处守望相助的生动图景。[1]

焕发精神风貌。推动习近平总书记考察上海重要讲话精神深入人心，推动上海在新时代奋楫争先、勇立潮头。大力弘扬浦东开发开放以来形成的精气神，不断增强敢跟全球顶级水平对话的志气，强烈渴望建功立业的心气，艰苦奋斗、忘我工作的朝气。大力弘扬奋斗有我的主人翁精神，形成劳动最光荣、劳动最崇高、劳动最伟大、劳动最美丽的社会氛围。

第三节　建构文明交流互鉴典范城市形象

2019 年 5 月 15 日，习近平主席出席亚洲文明对话大会开幕式时强调："文明因多样而交流，因交流而互鉴，因互鉴而发展。"[2] 2021 年 1 月 25 日，习近平主席以视频方式出席世界经济论坛"达沃斯议程"对话会时强调："世界上没有两片完全相同的树叶，也没有完全

---

[1]《十一届市委十一次全会决议》，《解放日报》2021 年 6 月 23 日。

[2]《文明因多样而交流　因交流而互鉴　因互鉴而发展》，《中国青年报》2019 年 5 月 16 日。

相同的历史文化和社会制度。"[1]2021 年 4 月 20 日上午，习近平主席以视频方式在博鳌亚洲论坛年会开幕式上发表主旨演讲，强调："多样性是世界的基本特征，也是人类文明的魅力所在。"[2]上海作为一座开放创新包容的国际大都市，有责任成为展示我国中西文明交流互鉴的典范城市。

一、突出文化多样性的历史传承

文化多样性对于国际化大都市吸引跨国企业和国际人才，聚集海外游客，推动贸易和金融，提升国际影响力和软实力意义重大，是其持续发展的活力源泉。此外，文化多样性能增强城市的包容性与治理效能，激发创造力，打造文化魅力与吸引力，塑造城市形象与品格。"海纳百川"本身就有"文化多样化"的特征与诉求寓意。可以说，上海是国内最具有文化多样性的城市。[3]

坐拥江南文化的深厚积淀。江南文化最早可溯源至以河姆渡文化、马家浜文化为代表的长江文明，之后又以崧泽文化、良渚文化的序列不断演进。经过千年的淘洗和沉淀，近代以来江南文化的核心区开始从苏南、浙北向上海转移。依托深厚的母体文化异军突起的海派文化，已不是上海的地域文化，而是江南文化在新历史阶段的接续更

---

［1］《习近平在世界经济论坛"达沃斯议程"对话会上的特别致辞》，载中国政府网，2021年 1 月 25 日。

［2］《学习进行时｜习近平的"文明观"》，载新华网，2021 年 5 月 20 日。

［3］《文化多样性与都市竞争力——国际化语境中的上海文化发展战略研究》，《科学发展》2012 年第 1 期。

新，与江南地区共生共融，成为"近代的江南文化"。[1]

传承荟萃近代文明。开埠以来，凭靠商品经济和市民生活的推动，上海文化的发展在多元复合的格局下率先展开。上海成为中国通向世界、世界进入中国的重要码头，传统与现代、本土与外洋、南来与北往、高雅与通俗，各种文化成分在这座城市碰撞汇合，形成古今荟萃、中西融合、雅俗共生的多元互补互动文化风貌。上海顺势成为全国的出版中心、文化中心：既是国内西学传播的最大基地，也是中国传统典籍的刊行和重新整理（包括编辑、校勘、标点）的高地；既引介和展演西方的音乐、绘画、戏剧等艺术，也融汇中华大地各区域文明，推动众多地方戏曲剧种交融新生。

保护弘扬文化遗产的典范。为保护弘扬文化遗产，2021 年，中共中央办公厅、国务院办公厅印发了《关于在城乡建设中加强历史文化保护传承的意见》，指出要"做到空间全覆盖、要素全囊括，既要保护单体建筑，也要保护街巷街区、城镇格局，还要保护好历史地段、自然景观、人文环境和非物质文化遗产"。上海积极贯彻落实意见要求，持续完善城市文化遗产保护制度，保护传承"最上海"的城市文脉。善待历史遗存，打造出外滩、田子坊、新天地、杨浦滨江等一大批典范，推动更多"工业锈带"变为"生活秀带""文化秀带"。推进城市记忆工程，传承发展好戏曲曲艺、民间艺术、手工技艺等非物质文化遗产，留存好古意古韵的水乡古镇，保护好吴侬软语的本土方言。

展现文化自信自强的样本。改革开放以来，上海把握全球化和信息化两大机遇，加快接轨国际，成为我国沟通内外的桥梁枢纽，多样

---

[1] 李亚娟、张永广：《江南文化的历史演进及其现实表达》，《上海文化》2022 年第 6 期。

文明的镜鉴交流取得新成效。党的十八大后，上海更加注重敞开海纳百川的博大胸怀，积极吸纳中华大地及全球各国的文明样态，深耕厚植红色文化、海派文化、江南文化，打造文化自信自强的上海样本，开创了国际文化大都市建设新局面。随着"文化出海"步伐加快，更多企业、更多机构走上世界舞台展示上海文化风采。

二、展示"世界会客厅"的建设成就

作为我国双循环的战略链接、长三角的龙头，上海从欢迎海内外客人"窗口"张望，到打造"世界会客厅"直接"登堂入室"，进一步敞开开放、创新、包容的城市胸怀，向世界更直接地展示东道主的好客、自信和热情，更好地促进了上海与世界的"双向奔赴"。

构建黄浦江两岸"世界会客厅"功能区域。作为上海最具象征意义的地标性区域，上海推出黄浦江"世界会客厅"工程，将浦江两岸打造为集聚综合体验、多元场景、现代审美的"世界会客厅"，着力向世界诠释上海的城市魅力，讲述"上海故事"、传播上海文化和塑造上海城市形象。浦江游览作为领略黄浦江两岸景致和体验上海城市文化的最直接方式，上海全力赋予其"世界会客厅"功能，把它建成为世界级旅游精品项目。[1]

打造北外滩"世界会客厅"地标建筑。北外滩原址为具有百年历史的扬子江码头，这一区域倚黄浦江和苏州河两江交汇之地，与外滩

---

[1] 汪泓、徐钰慧：《浦江游览全面融入"世界会客厅"建设的思考与建议》，《中国港口》2021年第9期。

和陆家嘴交相辉映。外白渡桥、上海大厦、陆家嘴"四件套"在此"世纪同框"，上海邮政大楼正门在此被唤作"世纪之门"。独占优越位势，该处回首是"睁眼看世界"的启航之地，抬头是改革开放的城市观景台和现代化的展示窗。在北外滩核心区域，上海加快建设"世界会客厅"建筑群。这些建筑在保留历史风貌的同时，融入现代设计理念，成为具有国际重大会议接待功能的会议中心。主体建筑形态和外立面巧妙地将厚重历史底蕴与现代城市客厅功能相融合，与外滩周边建筑风貌相协调，生动展示"中国故事、上海表达、世界客厅、共筑辉煌"的地标形象。

三、彰显开放包容的城市胸怀

2018 年，习近平主席在首届中国国际进口博览会开幕式主旨演讲中指出："开放、创新、包容已成为上海最鲜明的品格，这种品格是新时代中国发展进步的生动写照。"上海以不懈的追求、澎湃的活力、宽广的胸怀，奋力创造新时代新奇迹，不断展现现代化新气象。

以开放包容胸怀构筑文化新高地。以海纳百川的胸怀推进中外文化交流交融，营造开放包容的文化环境，集聚世界一流的文创企业、文化机构、领军人才，打造更高水准的文化地标集群、更高人气的文化交流舞台、更高能级的文化交易平台，加快建设全球影视创制中心、国际重要艺术品交易中心、亚洲演艺之都、全球电竞之都、网络文化产业高地、创意设计产业高地。[1]

---

[1]《中共上海市委关于厚植城市精神彰显城市品格　全面提升上海城市软实力的意见》，《文汇报》2021 年 6 月 28 日。

　　以开放包容胸怀建设创新试验场。包容多元创新互动，让先进理念率先在这里应用、未来生活率先在这里体验。坚持走开放创新之路，提升重大创新平台能级，构建更高水平全球创新网络，促进人才流、信息流、科技流、文化流等充分流动，为创新创业提供最全要素。全力打造国际知识产权保护高地，更好利用资本市场支持创新创造。联动全球创新资本，为创意生长提供丰厚土壤。

　　以开放包容胸怀营造人才"强磁场"。聚天下英才而用之，向各类创新主体敞开大门，为探索未来、成就梦想提供更大舞台。实施更加开放更加便利的人才引进政策，打响"海聚英才"品牌，高水平建设世界顶尖科学家社区。坚持创新不问"出身"，建立科技攻关"揭榜挂帅"机制，大力发展新型研发机构，完善以增加知识价值为导向的激励机制，打破一切制约创新的束缚，让创造活力竞相迸发。鼓励创新、宽容失败，让城市处处涌动创新创业的激情。

四、讲好文明交流互鉴的精彩故事

　　新年前夕，习近平主席在二〇二五年新年贺词中强调："中国愿同各国一道，做友好合作的践行者、文明互鉴的推动者、构建人类命运共同体的参与者，共同开创世界的美好未来。"[1]上海不仅是中国联结世界的重要枢纽，而且是多元文明交流互鉴的重要平台。近年来，上海奋力打造全球文明交流互鉴典范城市，推出一系列国际风范和东方神韵相得益彰的对话平台、交流窗口、节庆赛事，文明交流互

---

[1]《国家主席习近平发表二〇二五年新年贺词》，《人民日报》2025 年 1 月 1 日。

鉴之路越走越宽广。

搭建全球对话平台。近年来，以"上海主场"为载体，上海大力构建国际交流体系，加强多层次文明对话，增进国际社会对上海的了解和认同。例如，围绕"五个中心"，搭建"浦江创新论坛""世界人工智能大会"等一批专业论坛，不断汇聚全球智慧，引领行业风向，扩大与提升国际话语权、影响力。2024 年，第七届进博会吸引 152个国家、地区和国际组织齐聚"四叶草"，组织 200 余场中外文艺表演，集中展示了中国和世界各地的人文艺术风采。上海金山区、中国外文局西欧、非洲传播中心签署国际合作框架协议，将合作举办文化艺术展、学术研讨、青年交流等活动，持续拓宽金山区"朋友圈"，为"上海湾区"城市品牌走向世界注入新动力。

打造节展品牌矩阵。上海秉持开放包容精神，打造更多具有原创引领性、品牌标识度和世界影响力的"上海平台""上海时间""上海地标"。上海积极发展会展节庆，建立上海与国际文化大都市之间的常态文化交流机制。例如，上海芭蕾舞团坚持用世界语言讲好中国故事，同时探索世界经典的中国演绎；上海交响乐团运用交响乐的全球语汇，创作让国际社会了解上海、了解中国的好作品。

推动文化强势出海。上海是中华文化走出去的重要码头。聚焦艺术语言、视听语言、文字语言等重点类别，加快推进优秀文化主体"千帆出海"，增强了上海在全球城市体系中的吸引力。近年来，上海网文的出海破圈，开辟了数字时代文明交流互鉴的新路径，成为富有活力的全球文化交流新舞台。

第二章
上海提升城市国际传播能力的理论阐释

国际大都市国际传播能力作为一个跨学科的概念，系统性的研究成果并不多见。为此，本章节将从城市形象、跨文化传播、多元文化、国际传播等核心关键词出发，在梳理其内涵的基础上，深入解析这些关键词之间的逻辑关系，为探讨国际大都市国际传播能力框架提供多元理论视角的支撑。

第一节　城市形象国际传播机理

"国家形象"最初是一个社会心理学概念，随后在不同学科之间经历了长达半个多世纪的概念移植和挪用，而"城市形象"一词最早出现于美国城市学家凯文·林奇（Kevin Lynch）1960 年出版的著作《城市意象》(The Image of the City) 中。本节将在探讨这两个关键词的内涵与特征的基础上，深入解析城市形象国际传播的现状特征和两大研究范式。

一、城市形象内涵与特征

美国政治学家布丁（Boulding, K. E.）将国家形象定义为一个国家对自己的认知以及国际体系中其他行为体对它的认知的结合，它是一系列信息输入和输出产生的结果，是一个"结构十分明确的信息资本"。[1] 赵辉辉认为，国家形象是一个国家的性质、实力、地位和影响的总体外在呈现，是一个国家的历史底蕴、现实行为和政策主张在国内外民众心里所产生的总体性评价和综合性印象。[2] 改革开放以后，国家形象一词逐步进入国人的视野，并越来越得到我国政府的重视。打造良好的国家形象是维护我国国家利益的重要途径，也是向世界展现全面、立体、真实的中国的必然要求。

与国家形象相比，城市形象是一个城市的公众印象，它是许多个人印象的组合，或者有一系列的公众印象，每个印象都是一定数量的市民所共有的。[3] 林奇提出的城市形象概念较多地侧重于城市形象设计，即关注城市内的各物质要素（具体为道路、边沿、标志、节点和区域五大要素）的知觉认识。20 世纪 60 年代至 90 年代期间，城市形象研究的聚焦点从城市规划设计和对现代城市建设的批判逐渐转

---

[1] Boulding, K. E., National Images and International Systems, *Journal of Conflict Resolution*, 3, pp. 120–131.

[2] 赵辉辉：《向世界展示新时代的中国形象》，《光明日报》2021 年 9 月 14 日。

[3] Kevin Lynch, *The Image of The City*, The MIT Press, p. 256.

向地区形象营销（旅游城市形象）等主题，并逐渐呈现出跨学科、多元化的发展趋势。

有学者认为，目前的城市研究往往从三个方面展开：一是政治学或公共行政学；二是管理学或营销学；三是传播学或认知心理学。综合以上不同研究领域的划分可以看出，城市精神、城市文化以及政府行为、市民素质等内容已经融入城市形象的内涵体系，从而形成了一个综合性的定义：城市形象是指公众对一个城市的内在综合实力、外显表象活力和未来发展前景的具体感知、总体看法和综合评价，反映了城市总体的特征和风格。

关于国家形象和城市形象，很多学者认为城市形象可作为国家形象的子系统，是国家形象的组成部分，即作为国家形象建构的一个维度。这一观点实际上显示出城市形象相对于国家形象的从属关系，即将城市形象理解为国家形象的缩影和代表。然而，这并不意味着，城市形象作为国家形象的承载者之一，其自身是被动的。对此，谭震提出，城市形象在国家形象的建构中发挥着四大功能，即具象功能、情感功能、体验功能和认同功能，突出强调作为国家形象具象组成的城市形象中的人文色彩和价值认同的意义。[1] 新媒体时代将进一步促进城市形象和国家形象之间的互动。未来，城市形象的构建需以国家形象构建的方向和需求为基准，同时充分发挥自身的主观能动性，借助新媒体深入挖掘城市文化和打造城市特色，做到能讲故事，会讲故事，进而促进城市和国家的和谐发展。

---

[1]　谭震：《城市形象与国家形象建构的关系及功能研究——基于近三年对外传播优秀城市案例的分析》，《国际传播》2021 年第 3 期。

二、城市形象国际传播现状特征

当前我国关于城市形象传播典型案例的研究主要集中在城市形象外宣的方法手段、外媒报道中的城市形象、改进城市形象传播的策略、梳理模范城市形象传播经验上，还有学者从品牌营销的角度研究了如何构建和传播城市品牌。从研究案例的选择来看，作为城市形象传播成功范例的纽约、伦敦、巴黎、东京等国际大都市，具有深厚历史底蕴的北京、上海，以承办大型会议等方式崭露头角的苏州、杭州、武汉等地成为最主要的研究对象。同时，学者们自身学习和工作所在的城市也逐渐进入研究视野，在一定程度上改善了学界对于中小城市的形象建设缺乏关注的现状。

现有研究显示，城市形象外宣主要通过城市形象宣传片等传统外宣工具、重大国际活动契机（如奥运会、国际领导人峰会等）以及城市自主策划的活动（如南京市的"南京周"、苏州国际设计周等）等方式展开。除此之外，有的学者还以城市中的某一类人群作为研究的切入点，从个体传播者的微观视角探究城市形象的传播实践。如刘霞选择南昌市出租车司机为研究对象并指出，这一人群在城市形象传播过程中有着多重身份：传播者、传播内容、传播媒介，其作为传播者的角色定位不够明确，作为城市形象传播内容的个体行为呈现存在失范，作为传播媒介的使用率和地位认同程度不高，从而成为限制其传播力水平发挥的三个主要因素。[1]

外媒报道中的城市形象类论文大多采取内容分析的实证研究，研

---

[1] 刘霞：《出租车司机城市形象传播力研究——以南昌市为例》，江西师范大学博士学位论文 2016 年。

究思路通常是：抽样选择外媒和外媒的报道，以城市的英文名为搜索关键字，对搜索出的论文进行编码，研究其报道框架、情感倾向，归纳出外媒建构该城市形象的特点，总结该城市形象传播的不足或者经验，提出改善该城市形象的策略。同时，也有一些学者通过对比分析中外媒体对于特定城市的报道而开展研究。以重庆市为例，《人民日报》（海外版）对其城市形象建构是"蓬勃发展中的现代化国际大都市"，而《纽约时报》则将其构建为一个参与国际交流较模糊的"雾都"形象。[1] 这反映出中外报道同一座城市的框架差异。还有的学者运用品牌营销的思路来思考城市形象的传播。郁树甲指出上海城市品牌形象的核心定位：文化的融汇与创新。他认为，上海现阶段城市品牌的形象传播水平与世界发达城市仍差距明显，主要体现在传播对象的范围、推广系统的完善度和信息编码的质量。[2] 谢福山指出，上海尽管在经济发展和文化设施方面表现突出，但需提升居民友好度以增强城市吸引力。[3] 这些问题的存在，使得城市品牌形象传播面临着一系列挑战：传播者的品牌意识和专业知识的提升，传播范围的扩大，推广体系的完善，信息编码质量的提升，居民友好度的提高。

　　明确城市形象传播的问题之后，当前学界基本从以下六个方面对城市形象提升的策略进行总结[4][5]：一是借助网络传播城市形象。在

［1］于文超：《中美报道中重庆城市形象的框架分析——以〈人民日报〉（海外版）和〈纽约时报〉的报道为例》，重庆大学博士学位论文 2018 年。

［2］郁树甲：《试论上海城市品牌的形象定位与传播》，上海华东师范大学博士学位论文 2013 年。

［3］谢福山：《新媒体环境下上海城市品牌形象传播研究》，《新媒体研究》2018 年第 4 期。

［4］王明：《重庆城市形象传播研究》，重庆工商大学博士学位论文 2011 年。

［5］马晨娇：《城市形象设计与传播研究——以武汉市为例》，《资源开发与市场》2020 年第 10 期。

国内外著名网络视频平台上投放专题广告，与手机媒体进行合作营销。网络传播需建立专门的网站，并与大型的传播公司、网站进行强强联合。可将平面和电子媒体相结合，整合多语种。二是影视表达。制作精美的城市形象广告、风光片、微电影，邀请国内外知名的户外综艺节目来该城市录制节目，策划中外皆宜的大型室外演出，吸引具有国际影响力的节庆活动来该市举办。三是展会表达。组织国内外重点客源市场的旅行商来该城市考察，积极参加国际旅游交易会、国际旅游博览会，每年定期举办国际性主题展会活动。四是事件表达。提升该城市马拉松国际化水平，吸引外国选手参赛，引入国际F1摩托艇赛、国际游艇俱乐部等，以品牌赛事为引爆点，举行系列化国际性主题节事活动。五是高度重视利用旅游这个"流动的文化"来广泛传播城市形象。六是成立专业机构打造城市形象。

　　基于新媒体背景下我国城市形象研究的现状、热点及趋势，赵战花、黄方毅指出当前我国的城市研究存在的不足之处[1]：首先，大多数的研究者对于城市形象的研究关注度短暂，且浅尝辄止。虽然近年来涉及城市形象建设的论文如雨后春笋，但深度较为欠缺，被引量及学术影响并不高。其次，研究视野较为狭窄。在跨学科研究和合作兴起的当下，本就诞生于城市规划门类的城市形象传播却主要局限于新闻学界的研究中，而较为忽视对于政治经济学、管理学、艺术学等的借鉴与参考。最后，虽然文化是城市软实力的主要载体，但城市的政治形象、经济形象、教育形象、科技形象等是共同构建立体多元城市整体形象的重要组成部分，当前相关研究的选题仍呈现出单一性和封闭性的不足。

三、城市形象国际传播两大研究范式

城市形象的国际传播主要提出了两大研究范式：一是城市软实力，二是城市外交。该部分将重点解析这两大范式的内涵和组成要素。

（一）城市软实力

在当前的国际交往中，软实力无疑已成为一个国家的核心竞争力，甚至决定其未来发展前景。美国学者约瑟夫·奈（Joseph Nye）认为一个国家的软实力主要存在于三种资源中，即文化、政治价值观和外交政策。[1]之后有学者又进一步把软实力引申应用于区域、企业、个人等，并分别形成区域软实力、企业软实力及个人软实力等概念。[2]人们对软实力逐步深化的认识实际反映出对于国家各个层面的组成部分（如国际组织、城市、企业、个体）在新时代国际传播中具体功能及意义的思考。另一方面，人们对于城市竞争力的探索经历了从概念化到学理性模型的升维。在多样化衡量城市竞争力的评价指标和维度中往往都会涉及"软实力"相关的内容。在这样的大背景下，一些学者通过类比"国家软实力"，进一步提出了"城市软实力"

---

[1] Joseph S. Nye, Jr, Soft Power: The Means to Success in World Politics. New York: Public Affairs.

[2] 马庆国：《区域软实力的理论与实施》，中国社会科学出版社 2007 年版，第 39 页。

的概念。

"国家软实力"同"城市软实力"二者间存在着密切的联系，同时又各自具备相对独立的特点。首先，基于"国家—城市—个人"三层国际传播实践主体的框架来看，宏观领域的国家与中观层面的城市间存在着影响与被影响、代表与被代表等关系。"城市软实力"在诸多领域内是从属于"国家软实力"的。这尤其体现在意识形态方面，因为"软实力"概念的核心就是文化。"国家软实力"中所体现出的主导方向和思想路线势必影响和体现在"城市软实力"中。如我国是"人民当家作主的国家"与"人民的城市""英雄的城市"之间的关系。但是，在从属关系之外，"城市软实力"还是对"国家软实力"在微观层面上的重要补充和深化，两者同时还呈现出"月亮"和"星星"之间的关系。所谓"众星捧月"，各地的城市有着独特的历史底蕴和时代活力，是多元文化的重要承载空间，这些在"软实力"层面表现不俗的一众城市无疑是"国家软实力"的基础和保障。

约瑟夫·奈提出的元软实力（Meta Soft Power）概念则进一步启发了学界对于构成软实力的资源要素的探究。李韶驰和程文丽认为，可以将"国家软实力"的诸要素"投射"到城市层面，再通过增删一些要素，进而定义"城市软实力"。[1] 在这一视角下，"城市软实力"是反映城市在参与竞争中，建立在城市文化、城市环境、人口素质、社会和谐等非物质要素之上的城市文化感召力、环境舒适力、社会凝

---

[1] 李韶驰、程文丽：《基于灰色系统理论的澳门城市软实力评价研究——以大珠三角城市为比较》，《城市观察》2015 年第 5 期。

聚力、居民创造力等。实际上，这一概念中所蕴含四个核心子系统（即人口素质、自然环境、文化资源、社会和谐）较为全面和完整地呈现了"城市软实力"的资源层。总而言之，理解"城市软实力"的意义绝不仅仅在于提升城市自身的竞争力。我们更应明晰"城市软实力"与"国家软实力"之间的内在联系以及城市与居民、城市与国家之间的互动关系，这样才能更好地使这一学理概念服务于改善人民生活、服务城市建设和国家建设的实践。

（二）城市外交

由于强权政治和传统外交手段在诸多领域内的失能和世界文化多样化的日益深入，各国的国际交往已呈现出由政治、经济到文化领域的明确转向。在这一背景下，公共外交在提高本国国家形象和国际影响力，进而维护本国国家利益方面的意义凸显。城市外交和公共外交同样从属于总体外交。在开展总体外交的过程中，城市无疑是极为重要的参与者。而一国核心城市的形象是国家形象和国家软实力的重要组成部分。张恒军指出："随着中国城市的发展，一部分'典范城市'和特色城市成为特定的代表中国形象的符号。"[1] 虽然城市外交是近年来才兴起的学术概念，但与其相关的实践活动却古已有之，城市外交的发展变化与城市在世界历史长河中的发展演变息息相关。以四大文明古国为代表的古代国家形态实际上主要由邦国或几座城池构成。这往往造成国家就是城市，城市就是国家的情况。在春秋战国时

---

[1] 张恒军：《城市中国：人类文明新形态对外传播的重要场域》，《新闻采编》2024 年第2 期。

期，大量基于"国都"所在城市或者少数几座城市建立的政权彼此间进行着各式各样的外交活动。而远在欧洲的古希腊，尤其是雅典和斯巴达间的对抗与交流同样体现出类似的活动特征。这一传统在中世纪以德国汉萨联盟为代表的城市联盟以及近代意大利城市共和国中得到了延续。直到威斯特伐利亚体系形成及《威斯特伐利亚条约》所确立的"主权原则"广泛传播，民族国家成为国际体系中最重要的行为体时，以城市为主体的外交活动才渐渐淡出了国际交往的舞台。

到了近现代，城市外交又逐渐回到了人们的视野中。20世纪70年代，美国学者阿尔及尔（Alger）就以哥伦布市为例，通过探讨城市及居民的国际联系，进而研究城市对国际体系演进的影响以及城市在国家对外政策中的作用。"城市外交"的概念最早出现于"地方国际化论坛"（Glocal Forum，也译为全球本土化论坛、全球在地论坛）2003年发布的一份关于"地方国际化"的报告中，指在技术、信息和经济全球化与地方现实之间存在着紧密的联系，城市就是一种自下而上的全球化治理体系枢纽，是全球本土化的外交工具。[1] 随后，荷兰国际关系研究所的学者简·梅利森（Jan Melissen）和罗吉尔·范·德·普拉伊吉姆（Rogier van de pluijm）对城市外交这一概念进行了广义的定义：城市外交是城市或地方政府为了代表城市或地区的利益，在国际政治舞台上发展与其他行为体的关系的制度和过程。[2] 这一定义所指代的城市外交广泛涉及政治、安全、经济、文

---

[1] 于宏源：《城市外交和上海参与"一带一路"的高端定位》，《上海城市管理》2017年第4期。

[2] 储斌、杨建英：《"一带一路"视域下城市外交的动力、功能与机制》，《青海社会科学》2018年第3期。

化等诸多领域，并得到了我国学界的普遍认可。事实上，它指明了城市外交与世界、国家、人民之间所存在的紧密联系。首先是城市外交同世界的关系。随着经济全球化的日益深入，崛起的国际大都市成为地球村中连接世界各地的重要节点，是各资源要素的主要集聚地和国际信息流的联通渠道。可以说，没有这些作为资源流动载体的国际大都市的支撑和城市外交的开展，世界各地的商品货物、资本、人力等都将陷入可怕的停滞状态。因此，城市外交本身就是世界政治经济结构与进程的核心组成部分。其次，城市还是绝大多数国家进行政治决策和知识生产的重要场域。各国的中心城市都承载着其文明和文化的符号与象征。因此，城市外交本身不仅是跨国界、跨时空和跨文明的交流互鉴活动，同时也彰显着民族文化自觉。最后，城市外交同人民的互动关系。"国之交在于民相亲"。城市作为人类生存和生活的空间，是人民利用创造力和想象力广泛开展实践活动的场域。21世纪是人民外交的时代。居住在城市中的人民赋予了城市外交独特的意义。

准确理解城市外交，就需要明确"城市"和"外交"之间的界限与联系，并在城市特点和外交特性之间寻求支撑点。沈传新认为，城市外交是在中央政府的授权和指导下，某一具有合法身份和代表能力的城市当局及其附属机构，为执行一国对外政策和谋求城市安全、繁荣和价值等利益，与其他国家的官方和非官方机构围绕非主权事务所开展的制度化的沟通活动。[1] 从这一定义来看，城市外交不仅在政府的授权下主导非主权事务，又区别于普通的民间外交，带有官方色

---

[1]　沈传新：《关于城市外交功能性内涵的若干思考》，《国际公关》2022年第1期。

彩。另一方面，相较于程序化、模式化的国家外交，城市外交拥有更大的灵活性，能够成为补足中央政府和外交官所开展的外交活动的重要途径。因此，如何更好地为城市赋权，将其纳入总体外交的范畴，发挥其在推动经济发展和文化交流等方面的巨大潜力，同时避免城市外交对于中央外交主导权的挑战，成为当下各国在开展城市外交中都需要认真思考的问题。

我国城市外交的发展，除了全球化的外部影响外，更受到国内政治经济形势变化的影响。整体来看，城市外交经历了从"缔结国际友好城市"（20世纪70年代到改革开放初期）到"融入国家整体外交"（20世纪90年代以来）再到"同国家外交战略相结合"（2013年至今）的不同发展阶段，在我国对外交往中发挥着越来越重要的作用。2014年5月15日，中国国家主席习近平在人民大会堂出席中国国际友好大会暨中国人民对外友好协会成立60周年纪念活动并发表重要讲话，强调要推进"城市外交"，"大力开展中国国际友好城市工作，促进中外地方政府交流，推动实现资源共享、优势互补、合作共赢"。[1]

第二节　城市形象国际传播的演进

城市形象国际传播的演进路径可以追溯到跨文化交际、城市科学

---

[1]《习近平出席中国国际友好大会暨中国人民对外友好协会成立60周年纪念活动并发表重要讲话》，《人民日报》2014年5月16日。

等领域，和多元文化、跨文化、城市建设、人民城市等概念密切相
关。本小节将在梳理这些概念的基础上，勾勒出城市形象国际传播的
大致发展轨迹。

一、从多元文化理念到跨文化理念

多元文化的理念强调，世界上的文化是多元的，是丰富多样共存
共荣的；没有任何一种文化比其他文化更为优秀，也没有一种文化可
以把自己的标准强加于其他文化。就历史渊源而言，20世纪初出现
的黑人民族主义思潮对多元文化理念的兴起有重要影响。伴随着黑人
民族运动及相关社会思潮的发展，出现于 20 世纪 60 年代的"多元文
化"逐步引申出平等、尊重差异、认同和包容不同价值理念等意涵，
成为多元共存的新兴文化表达。[1] 从多元文化理念的发展历程来看，
"多元文化"不仅代表人口多元，也代表一种平等或公正的政治哲
学、一套承认和包容民族—种族多样性的政策或一种承认和重视多样
性的公共话语。[2] 在全球化的进程中，随着移民大潮的流动，西方
各国的人口日益呈现出多样化的特征，简单的客籍工人政策和同
化政策无法适应复杂的文化多样性问题。因此，多元文化共存
成为西方尤其是欧洲各国解决移民带来的社会问题的政策，在
实践层面帮助国家和政府对内应对文化多样性、对外开展国际
交往。

---

[1] 单波：《跨文化传播研究》第 1 辑，中国传媒大学出版社 2020 年版，第 98 页。

[2] Bloemraad, I., Wright, M., "'Utter failure' or unity amid diversity? Debating and evaluating policies of multiculturalism". *Journal of Ethnic and Migration Studies*, 40(9), pp. 1379–1398.

　　然而，也有学者对"多元文化"理念提出质疑。一方面，多元文化的出发点是所有文化一律平等。但是学者乔瓦尼·萨托利（Giovanni Sartori）则认为，如果所有事物都是有价值的，那么所有事物皆无价值：价值就失去了它的内涵。[1]换言之，多元文化理念强调所有文化群体坚持自己的价值观和立场，这在现实中是行不通的。另一方面，多元文化过于聚焦文化方面而使政府和公众忽略了少数族裔被歧视的其他原因，尤其是社会经济上的不平等。理论设想是美好的，但在实践中，少数族裔群体的多元文化政策往往与经济不景气发生冲突，这成为 21 世纪以来多元文化政策饱受诟病的一个重要原因。欧洲一些学者承认多元文化的缺陷，积极寻求多样性治理的新模式，其中一个重要转向即"跨文化"理念。

　　古巴学者费尔南多·奥尔蒂斯（Fernando Ortiz）于 1940 年在其著作《古巴的对比：论烟草与蔗糖》（Contrapunteo cubano del tabaco y el azúcar）中，最早对跨文化进行了定义，强调文化交融的复杂性和双向性。[2]他认为，跨文化意味着"共时的两个阶段的衔接"，即"去文化"阶段和"重新创造新的共同文化"阶段。韩裔美国学者金荣渊（Y. Y. Kim）提出少数族裔群体进行跨文化融合的三个目标：突破文化刻板印象，建立对异文化的客观认知体系；通过情感调节实现从"文化防御"到"文化包容"的态度转变；在动态文化接触中创造

————————

［1］ Sartori, G., "Concept Misformation in Comparative Politics", *American Political Science Review*, 64(4), pp. 1033–1053.

［2］ 史安斌、盛阳：《从"跨"到"转"：新全球化时代传播研究的理论再造与路径重构》，《当代传播》2020 年第 1 期。

新的交际模式。[1]加拿大学者约翰·贝利（John Berry）认为，少数族群和主流族群都具有文化保持和文化互动倾向，并在此基础上提出了双方群体成员在跨文化互动中可能采取整合、同化、分离、边缘化等四种策略。[2]有学者认为，跨文化主义重在"跨"，意在突破和穿越文化之间人为设置的藩篱，其实质是跨文化性（transculturality），强调的是在以不同方式编织而成的交往、接触网络机制中出现的跨文化性渗透，提供了不同文化和生命形式的多样性的相互作用和交流，在跨越文化的相互渗透、相互作用中产生新的文化多样性和共享性。[3]同时，跨文化理念中提出的各文化族群，尤其是少数群体积极主动参与文化交流和共建区域文化的过程并非自动发生。要想推动各方迈出"文化舒适圈"，需要政府制定相应的政策鼓励和促进不同文化群体之间的互动与交流。

进入 21 世纪之后，由多元文化转向跨文化的呼声越来越高。究其实质，从"多元文化"转向"跨文化"就是从强调文化群体间的静态共存转向关注文化互动中的动态融合与对话。换言之，跨文化的理念是在多元文化的状态下，所有人包括作为少数族群的移民和作为多数族群的市民都要做出调整，彼此适应。在实践层面，"跨文化"理念的应用越来越广泛。例如，联合国教科文组织从《保护文化多样性公约》（2005）到《跨文化对话行动计划》（2021），表明其工作重心从

———————

[1]　Kim, Y. Y., Finding a "home" beyond culture: The emergence of intercultural personhood in the globalizing world, *International Journal of Intercultural Relations*, 46, pp. 3–12.

[2]　Berry, J. W., Acculturation: Living successfully in two cultures, *International Journal of Intercultural Relations*, 29, pp. 697–712.

[3]　方维规：《"跨文化"述解》，《文艺研究》2015 年第 9 期。

保护文化差异性转向构建跨文化对话机制。欧盟于 2010 年启动"跨文化城市网络"，鼓励成员城市通过公共空间设计、社区活动等促进不同文化群体的日常互动。

二、从跨文化理念到跨文化城市建设

（一）跨文化城市的起源、内涵与特征

"跨文化城市"（Intercultural Cities）这一概念最早源于英国智库 Comedia 所发布的报告《跨文化城市：充分利用多样性》（*The Intercultural City: Making the Most of Diversity*）。这一报告主要聚焦于文化多样性是否以及如何成为一个有竞争力的城市取得成功的重要因素，并在经济、社会资源之外将文化资源同样纳入城市对人才吸引力的指标中。基于这一报告及部分欧洲城市的跨文化融通经验，欧洲委员会（Council of Europe）联合欧盟委员会（European Commission）在 2008 年发起了"跨文化城市项目"（Intercultural Cities Program, ICP）。目前，全球已有 157 座城市加入了该项目的合作网络。这一计划帮助城市以跨文化的视角审视并调整其现有施行政策，并通过制定全面的跨文化战略来管理多样性。在该项目的框架下，权利平等（Real Equality）、文化多样性（Diversity）、不同个人及群体间有意义的交流互动（Meaningful Interaction）、积极的公民参与（Active Citizenship and Participation）不仅内在相互关联，同样也是跨文化城市可持续发展的基础。跨文化城市项目在实践过程中突破了传统的文化融合的观念，提出了跨文化融合的概念。它将移民视作一种资源。当地政府有责任了解和培育这一群体的知识技能和素养，从而使他们

为城市发展服务。此外，在跨文化城市概念的基础上，德国在市政管理上还进一步开展了跨文化开放（Interkulturelle Öffnung）的实践。这一理念要求社会公共事务以多样化的社会文化为导向，最终实现跨文化认同。总体看来，由欧洲最先引领的跨文化城市建设意在将跨文化与跨文化对话的理念融入城市治理、公共政策实施框架中，激发城市内部文化多样性的活力和资源，进而提升城市自身具备的软实力和在国际舞台上的竞争力。

（二）跨文化城市的建设主体

在跨文化城市建设研究方面，我国学界现多以国际城市以及北京、上海、广州、苏州、西安等国内一线及新一线城市为例开展现状分析，并提出相应的策略优化建议，结合个案探索具有通用、合理、全面的跨文化城市评估框架和体系。在研究过程中，学者多运用跨文化交际领域内的理论，结合城市研究中的城市形象、城市推广、城市营销、城市文化、城市跨文化能力及国际传播能力等概念展开论述。

从跨文化交际的角度来看，城市形象即城市的跨文化交际能力。跨文化交际主要包括对其他文化的认知水平、语言交际能力、非语言交际能力和对文化冲突的处理及把握能力四个方面。从国际传播角度看，文化是城市国际传播能力的内在动因，技术与媒介是国际传播能力的外在推力，三者缺一不可。[1] 文化、技术和媒介三者的互动将成为城市国际传播的巨大推动力。将以上维度所涉及的要素纳入考量，可以将跨文化城市的建设主体归为以下几类：政府（城市管理

---

[1] 刘金波：《超大城市国际传播能力建设研究》，《新闻与传播评论》2022 年第 6 期。

者）、组织机构、高校、媒介、市民等。

　　跨文化城市建设首先需要在政府层面做好顶层设计和规划，并提供政策支持。一个具备特色的城市，可以通过国际营销推广构建城市形象，提升城市知名度并向世界展现其独特的城市文化。因此，把握城市跨文化推广的要素至关重要，如找准目标消费群体、积极开展城市交流活动、满足不同语言外来者的需求等。同时，城市是人类开展实践和交往的场域。人们在进行交流和沟通的过程中会因感知文化差异而产生焦虑感。跨文化城市在文化共通点的基础上所建立的第三文化，将为个体提供一种新的文化环境，推动跨文化对话与多元融合。

　　跨文化城市建设还应在组织机构层面为各方的跨文化实践做好保障。从前期记录数据的跨文化信息收集机构、居民跨文化能力培训机构，到城市的跨文化冲突与调解机构，都是协助和促进跨文化城市建设不可或缺的重要部分。这些机构不仅自身需要具有跨文化意识和能力的人参与运营，并且最终的服务对象也是跨文化城市中具有跨文化交际需求的万千民众。同时，作为外语教学和跨文化人才培养基地的高校也是学者所重点关注的对象。刘霄泉认为，现代城市的发展与管理急需高素质人才，特别是在全球化背景下，城市国际化进程的加速要求人才具备国际化的语言技能、跨文化交流的知识与技能，以及国际化视野。[1]外语教学在这一过程中扮演着至关重要的角色，其核心目标是培养具有创新意识、国际视野、跨文化交际能力的应用型外语专业人才。这些人才不仅能够满足城市国际化进程中的多元需求，还能在城市的创新发展中起到推动作用，进而服务于跨文化城市建设。

---

［1］ 刘霄泉：《面向世界级旅游城市建设的人才需求、挑战与培养路径——以桂林为例》，《社会科学家》2024 年第 11 期。

跨文化城市建设离不开媒介。媒介是城市跨文化传播的核心力量，也是城市形象"走出去"的推广者和传播者。在跨文化传播的过程中，只有克服不同文化脉络边缘的传播阻碍，才能在传播主体与客体之间形成有效传播。凭借其特有的符号化方式，媒体通过文字、声音、图像以及视频等构建了拟态的城市形象并传播给广大民众。在当前信息化、数字化社会中，传统媒体积极谋求转型，而新媒体也已在城市形象的跨文化传播中展现出了其独特的优势。媒介融合的大势所趋更为跨文化城市建设带来了全新的动力和挑战。具体而言，新媒体注重同受众的互动，将大众传播与人际传播相结合，大大拓宽了传播渠道。同时，不同于传统媒体以文字为主的宏观叙事，新媒体的内容生产者往往从自身体验和受众感知出发，以小见大地讲述普通人的生动故事，城市形象得以更加细腻地展现在跨文化受众面前，并引发他们的共鸣，从而让城市摆脱千篇一律的模糊标签。尤其是新媒介中的电子影像传播技术，其直观性、感染性、易读性和娱乐性特征更符合年轻一代用具象的视觉形象去感知世界的习惯。视觉媒介能够将城市文化符号进行现代而新颖的艺术提炼，做到"形神合一"。因此，跨文化城市的形象构建和推广离不开媒介的助推。

跨文化城市建设还涉及个人（市民）层面。从跨文化交际学领域的跨文化敏感性、文化认同、文化折扣等概念出发，"跨文化城市公民"须具备多方面的素养。首先，跨文化视野、跨文化思维、跨文化能力等跨文化素养已成为衡量国际大都市的标杆。[1]因此，作为城

---

[1]　庄恩平、张珊珊、虞怡达：《欧洲跨文化城市战略实践与启示》，时事出版社2014年版，第89—90页。

市文化重要承载者和传播者的市民应具备良好的跨文化敏感性，以积极开放的态度拥抱多元文化，并且在日常跨文化互动中不断提升跨文化能力。其次，参与公共空间建设、增强城市文化认同。公共空间是人际交往中个体行为的"共领域"，它可以为所有个体所用，并被这些个体再构建和再创造。可以说，公共空间不仅是个体开展跨文化交际的重要场域，其自身更是城市跨文化能力的重要构成部分。因此，市民需提升"公共空间意识"，积极参与到城市公共文明建设的各项活动中，并通过亲身的经历和体验不断增强城市文化的理解和认同。打造公共空间行为文化、完善城市跨文化公共服务体系和跨文化识别体系、营造多语种的语言文字环境，不仅体现了城市公共空间的管理水准，也会潜移默化地引导和约束市民的公共行为。再次，在日常生活和网络空间做城市文化的宣传员，助力提升友好城市的品牌形象。在"人人都是自媒体"的时代，普通市民拥有了更多传播城市文化的渠道和方式。他们的所言所行、所见所闻、所感所思，都能成为代表城市友好度和包容度的符号。这种来自普通民众视角的展示和传播在激发情感共鸣、减少文化折扣方面具有独特的优势，并逐渐成为城市形象的重要组成部分。

三、从跨文化城市建设到人民城市新实践

（一）国际大都市的特征

在全球化和信息化两大潮流的交互作用下，世界各地不断涌现和迅速发展的城市区块集群、跨界连接，形成了纵横交错的城市网络。国际大都市（Global Cities）就是位于这一网络中凸显重要地位的关

键性节点。作为现代全球化的空间表达，国际大都市日益成为全球经济、政治、科技、文化、社会领域的战略制高点，在全球网络连接中发挥超越领土国界的资源流动与配置功能。[1]从本质上讲，国际大都市是全球战略性资源、战略性产业和战略性通道的控制中心，是世界文明融合与交流的多元文化中心，也是城市硬实力与软实力的统一体。

国际大都市通常具备三大特征：第一，该城市具有相当雄厚的经济实力。这意味着对内它是国内经济活动的集聚点，且其对外还占据着全球资本市场的重要份额。国际大都市需要具备服务、管理公司与市场及进行融资的全球营运功能。第二，该城市具有巨大的国际高端资源流量与交易。国际大都市不仅是全球经济和国家经济的重要节点，更是高端人才的向往之地和科技创新的理想高地。这些资源要素才是知识社会中推动国际大都市不断发展的核心动力。第三，该城市具有极大的全球影响力。世界城市的影响力既有文化和舆论的力量，也有组织和制度的力量。主要表现为城市综合创新体系、国际交往能力、文化软实力和全球化的治理结构。

美国社会学家丝奇雅·沙森（Saskia Sassen）在其著作《国际大都市》中以最具代表性的纽约、伦敦、东京为例对国际大都市的概念进行了理论建构和探讨。在此之后，国际大都市越来越受到人们的关注。根据相关统计，当前针对全球范围内的国际大都市实力排名的榜单多达300余份，较为知名的排行榜有国际大都市指数（Global

[1]　周振华：《全球城市——演化原理与上海2050》，上海人民出版社2017年版，第156—157页。

Cities Index）、全球化与世界城市研究网络（GaWC study）、国际大都市竞争力指数（Global City Competitiveness Index）等。尽管各大排名衡量标准及考察要素存在差异，但不可否认的是欧美国家在国际大都市排名中具有优势，纽约、伦敦、巴黎更是国际大都市的持续领跑者。当然，在世界格局"东升西降"的大趋势下，一些发展中国家的新兴大都市也逐渐在国际大都市的讨论中崭露头角。

（二）人民城市新实践

2019 年 11 月 2 日，习近平总书记考察上海，首次提出"人民城市人民建，人民城市为人民"重要理念。[1] 在人民城市理念指引下，我们党把坚持人民至上、以人民为中心贯穿到城市建设各方面、全过程，绘就了一幅幅建设人民城市的美好画卷。[2] 这一理念立意高远、思想深邃、内涵丰富，深入剖析了城市建设发展为了谁、依靠谁的根本命题，充分彰显了习近平总书记深厚的人民情怀、中国共产党的初心使命和根本宗旨，为做好新时代城市工作提供了根本遵循。与国际大都市强调经济实力、资源要素、全球影响力等宏观性、普遍性衡量指标不同，人民城市突出"党的领导""人民福祉""文化根基"等中国特色的城市建设和发展指标。

首先，人民城市理念强调党对城市工作的领导。坚持加强和改善党对城市工作的领导，打造宜居、韧性、智慧城市，是中国特色城市发展道路的根本保证。其次，人民城市理念突出人民至上的价值取

---

[1]《奋力谱写新时代人民城市建设新画卷》，《解放日报》2024 年 11 月 2 日。

[2] 谢春涛：《人民城市建设的根本保证》，载求是网，2024 年 11 月 14 日。

向。在人民城市理念下，城市规划要立足人民实际需求，城市建设要保障人民宜居宜业，城市治理要坚持人民共治共享，[1]城市更新应具有价值判断的人民性、实践过程的开放性、空间营造的内涵性、规划实施的科学性四个特征。[2]换言之，人民的满意度和获得感是人民城市建设最根本的衡量指标和价值导向。再次，人民城市理念明确历史文化的根基作用。把生态和安全放在更加突出的位置，统筹历史文化保护、利用、传承，是人民城市建设的底线要求和文化根基。[3]

此外，人民城市的理念还强调人民在城市建设中发挥主体性作用。为此，需调动多元力量积极参与人民城市建设。这种多元力量既包括全国各族人民在内的核心主体，也涵盖在城市中学习、工作和生活的不同种族不同文化不同身份的外围主体。城市建设既要发挥这些多元力量的聪明才智，也要服务于不同群体的社会需求。

第三节　城市形象国际传播新趋势

在移动互联网时代，伴随数字技术日新月异的发展以及国家和城市层面的政策支持，城市形象国际传播呈现出主体多元化、渠道数字化、信息平权化、国家与地方相辅相成以及智能化等新趋势。

---

[1] 谢春涛：《人民城市建设的根本保证》，载求是网，2024年11月14日。
[2] 周艺南、李保炜：《人民城市理念下的城市更新实施机制创新——以京张铁路遗址公园为例》，《城市发展研究》2024年第7期。
[3] 《倪虹：牢固树立和践行人民城市理念　奋力推动城市高质量发展》，《澎湃新闻》2024年11月14日。

一、国际传播的多元主体

关世杰认为，国际传播整体上存在狭义和广义之分。[1] 狭义上的国际传播以国家（政府）作为交流的基本主体。它起源于国家形态诞生之后，同各国间以官方为主的文化交流、文化外交活动密不可分，往往仅指以大众传播为支柱的国与国之间的传播。而英国学者达雅·屠苏（Daya Thussu）则认为，作为"穿越国界的传播"，国际传播因 20 世纪后期出现的传播和信息技术的进步而展现了更为广阔的空间——"超越了政府与政府之间的传播，而在全球范围内融入了商业与商业，人与人之间的互动沟通"。[2] 阿芒·马特拉（Armand Mattelart）在其著作《世界传播与文化霸权》中也提出，战争、进步（技术）与文化三大要素相互勾连、彼此推动，共同构成了推动国际传播发展的合力。[3] 由此可见，无论从技术进步还是经济全球化进程的角度，广义上的国际传播包括跨越国界的大众传播和人际传播，其实践主体涵盖国家、政府、企业、个人等。总而言之，无论有关国际传播的各个定义间存在着怎样的具体差异，国际传播"跨越国界""以国际媒体为主要渠道""国际信息交流与传播"等基本特征从未发生改变。

近年来，国际传播中的多元主体建设越来越成为学界热议的话题

［1］ 关世杰：《国际传播学》，北京大学出版社 2004 年版，第 103—104 页。

［2］ ［英］达雅·屠苏：《国际传播——延续与变革》，董关鹏译，新华出版社 2004 年版，第 81 页。

［3］ ［法］阿芒·马特拉：《世界传播与文化霸权》，陈卫星译，中央编译出版社 2005 年版，第 72 页。

和关注的焦点。有观点认为，随着媒体的深度融合和媒介系统的智能化巨变，所有主体有意或无意地基于各类平台、以各种方式开展的跨国、跨文化信息交流和沟通活动都应纳入国际传播的讨论范畴中来。对目前国内外有关该话题的研究文献进行简单地梳理，可以发现学者们新论述的传播主体大致包括国际组织、智库、城市、企业、民间团体、个人等。总体而言，这些主体自身的非媒体属性明显，并常常借助媒体来完成信息流的发出、传递及接收。事实上，非媒体主体在数字时代国际传播中的兴起绝非偶然，而是时代发展、国家利益、社会变革、人文交流等多层次、多方面因素共同作用的必然结果。

二、全球化与数字化的"双轮驱动"

当前，全球化格局进一步形成。虽然有逆全球化、地方保护主义等杂音伴耳，但时代大势并未因此发生改变，世界各国间在政治、经济、文化等领域的交往也日益密切。美国人类学家阿尔君·阿帕杜拉伊（Arjun Appadurai）认为，全球化文化力量在遭遇意识形态和传统时会产生"异质对话"，并指出了造成全球化差异的"五界"，即"意识形态界""媒体界""金融界""科技界""人种界"。[1]事实上，这些各国存在差异的领域正是国际传播的"主战场"，也是非媒体主体传递信息流的"中心区"。以"人种界"为例，人员的跨国流动在本质上是广义国际传播的微观呈现。在国际传播中，国际媒体的主导地位依然稳固，但以国际组织、跨国企业、国际大都市为代表的新兴非媒

---

[1] Arjun Appadurai. Modernity at Large: Cultural Dimensions in Globalization. University of Minnesota Press.

体传播主体已然崭露头角，并在全球治理、经贸往来、地区建设等方面发挥着自己的巨大作用、传递着独特的信息流。同时，智能传播时代下数字化的飞速发展也为非媒体主体参与国际传播提供了机遇。麦克卢汉（McLuhan）预言下的"地球村"早已成为现实，社会的媒介化达到了前所未有的程度。网络社会向平台社会的转型，更是加速了传播主体多元时代的到来。传播内容的细化和传播渠道的丰富都为包括国际大都市在内的非媒体主体在国际传播中的参与和发声提供了便利。总之，在非媒体主体的兴起中，全球化起到了强有力的助推作用，而数字化则为其提供了科技基础。

三、信息传播"平权化"

人类历经农业、工业、网络社会的变迁已进入全球化信息社会，而传播也相应呈现出全球化和个人化的特点。全球化指随着科技变革和传播手段的更新，跨国信息流不断增多，人们关注的焦点开始由国内媒体转向国际信息流。个人化指技术不仅赋予人们更丰富的获取信息的渠道，同时还让更多组织和个体能够参与国际传播实践。国际信息传播格局中的"信息逆流"[1]（Contra-Flow，相近的说法还有非西方信息流、副信息流）所反映的正是这样一种新的传播态势。它代表着非西方世界借助本土媒体改变信息流向，进而重构信息秩序的努力。而在目前传播平权化和深度媒介化并行，甚至是元宇宙数字化万

---

[1]　［英］达雅·屠苏：《国际传播——延续与变革》，董关鹏译，新华出版社2004年版，第96页。

物的背景下，非媒体主体必将成为国际信息逆流新的发出者和承载者，改变媒体在这一过程中的孤立现状，共同帮助非西方国家达成反霸权使命。同时，网络的普及重构了人们进行社会交往和信息交流的场域。因此，"网络信息逆流"应当成为达雅·屠苏（Daya Thussu）所提出的区域性信息逆流、文化性信息逆流后的第三大类信息逆流。国际传播格局和国际话语场面临深刻调整，非媒体主体在国际传播中的兴起，为现行国际传播体系带来强劲的冲击。

四、城市纳入国家全面对外传播体系

国际传播的核心是服务国家战略，维护国家利益，助力国家发展。只有对国际传播在功能结构上进行精心设计和合理区隔，制定确切的对外宣传、公共外交、产业发展和战略传播等目标，才能推动效果最大化。虽然各种形式的民间交流和传播，其传播力（如覆盖率、持续性、强度）无法与媒体传播相比，但因其主体、形式、场域的丰富多彩，构成了一个国家对外传播体系中不可或缺的组成部分。分类传播，尤其是话语主体的分类，是构建国际传播话语体系的重要策略之一。要想达到传播目的最大化的传播效果，就需要对传播主体进行分类，有针对性、有指向性地建立各自的话语体系。建立健全有效的国际传播功能结构体系，尤其是充分发挥非媒体主体在不同领域内的独特优势，形成全面无盲点的对外传播网络，是在全球化日益深入和互联网时代背景下各国共同努力的方向。在这一过程中，国际组织、智库、城市、企业、个人等为代表的非媒体主体只有以自身传播实践产生了全方位构建国家形象、提升国际话语权的合力，才能形成国际传播的共振效应。

五、城市形象传播的智能化转向

城市形象构建关系着城市未来的发展方向，而城市、媒介、市民三要素作为城市形象传播的主要利益相关方，彼此交换信息，共同打造完整的城市形象体系。信息社会中新媒体的崛起，对城市和市民产生了极为深刻的影响。城市管理者开始探索运用新媒体，以及采用融媒体的方式优化城市传播策略。与此同时，市民在传播过程中的角色也已随之发生了巨大的变化，他们开始运用各类新媒体手段讲述自己与城市之间的故事，为城市传播提供了新的视角。媒介自身的变革，尤其是新兴技术的运用（如大数据），也在极大程度上改变了以往城市形象构建和传播的逻辑，从而使得媒介同城市、媒介同市民间的关系更为紧密，同时也更为复杂。

（一）政府与媒介

城市形象是城市的核心竞争力之一，它不仅能够增强城市自身的凝聚力和知名度，同时还会进一步促进城市间的互动与交往。政府作为城市治理的重要主体，在城市传播中扮演着引领者的角色。可以说，城市形象的构建和传播是城市管理者，即政府的工作重点及关注焦点。当前，政府已积极运用新媒体展开了各类传播实践。从一些案例来看，这些新尝试和新举措也将城市传播带入了新的境界。为了进一步传播政务信息，拉近自身同民众之间的距离，了解民众诉求，各地政府建立的"两微一端"平台（即政务微博、政务微信、政务客户端）所传播的城市形象与其他渠道相比，不仅影响力强、普及快，而且更为全面、立体、权威，规划意识和整体把握强，在城市形象传播中的地位至关重要。上海市人民政府新闻办微信平台"上海发布"成为学界在开展相关研究时的重点分析对象。为了紧跟时代潮流，城市管理者同时也开始以短视频政务号的方式活跃于抖音、快手、微信微视等平台。从叙事视听语言的角度来看，视觉符号的陌生化、声音元素的感染力以及视频文本的趣味性的灵活运用将大大提升城市碎片的"可见性"，让城市获得更加广泛的关注，从而更加有利于立体多元城市形象的构建和传播。作为微型审美艺术作品的微纪录片同样在借助新媒体平台对城市进行着宣传的实践和探索，并凭借其较低的制作和宣传成本，以贴近广大群众的内容获得了极高的接受度。

此外，新媒体艺术和重大赛事的举办同样成为当前众多城市表达展现亮丽名片的手段。投影广告、听觉广告、嗅觉广告让人们在视觉享受的同时感受和参与见证经济发展的脚步和百姓生活的变迁。而重大赛事自身所具有的明确时代主题和前瞻性，以及对于参与性和互动性的强调，同样能够增强社会大众对于城市的认同感，进而扩大城市的影响力和知名度。总体而言，城市管理者与新媒体间的关系日益紧密，政府在开展城市形象宣传的过程中以多角度叙事和多元化媒介形式，稳步扩大受众的覆盖面。在开展城市治理、举办大型赛事活动、进行艺术交流、打造特色旅游等过程中，政府所构建的城市形象呈现立体、丰富、多元的态势。当然，只有民众主动参与并积极投入城市管理者所传递的信息的再生产和传播，这些策略和实践才能够真正落地。因此，政府与媒介的互动离不开对民众的考量。

（二）市民与媒介

随着新媒体的崛起，市民在城市形象构建和传播过程中的主动性大大增强，打破了信息接受的被动局面。传统的城市形象传播研究往往以信息为核心，注重的是受众研究基础上的内容策略、表达策略、渠道策略等，而随着人的主体意识的觉醒以及技术的突飞猛进，个体被赋权赋能，传播的"控制权"和"影响力"逐渐从媒体转向个体。个体成为信息的生产者、传播者、消费者，多种身份集于一身，在信息传播中日益成为主导要素。新媒体与大众媒体最为明显的差异就是公众在城市形象建构过程中的参与度大大提升。以移动短视频为例，其更强的表现力、传播力和说服力赋予了民众更多的话语权。根据首份《短视频与城市形象研究白皮书》，在抖音平台上播放量前100的城市形象创作者中，超过八成由个人用户创作，展现了创作主体的全民覆盖性。此外，大众在以城市为相关主题的视频制作过程中所选取的拍摄对象和话语呈现同官方生产是完全不同的。同大场面、全覆盖、延时拍摄手法为主的官方宣传片不同，短视频中的城市景象同大众的市井生活息息相关，充满烟火气。一花一草一木均可以作为镜头焦点，成为城市文化的浓缩物和典型标签。剪辑拼切手法辅以个性化的背景音乐，优质或视角独特的短视频常常取得极佳的传播效果，并可通过平台中的意见领袖进一步扩大自身的影响。可以说，新媒体平台有助于改变传统城市推介中存在的千篇一律、千城一面等问题，改变以政府为传播主体，以传统媒体为主要阵地的呈现手法，克服体验感不足的短板，促进优质内容的生产和传播。二维码技术的应用使得游客对于城市的体验得到了丰富和延长。一方面，人们在扫描二维码后，可以享受由虚拟现实（VR）、增强现实（AR）等技术支撑的生动城市景观。另一方面，二维码同微信公众号的联系确保离开城市空间的民众获取相关信息的便利性，持续吸引他们的关注。大众还可以在移动客户端的应用软件中打造专属于自己的城市记忆和城市印象的场域。通过手机的文字输入、拍照、定位等功能，他们可以围绕着城市形象进行丰富而多元的叙事，也传播了独一无二的原创性的城市形象。最后，新媒体技术还可以助推品牌传播对城市形象的民间建构。通过打造同城市主题相契合的文化、构建独一无二的形象，品牌可以将自身形象构建变成城市集体记忆的一部分。以茶颜悦色为例，这一品牌扎根于长沙经典地标，与城市在空间和记忆层面共生，并借助新媒体平台的"打卡""代喝""代观光"等传播方式成为长沙城市的新形象。总之，不同于先前拥有"绝对权力"的大众媒介所构建的"想象城市"，当前新媒体时代的城市形象构建则是真正完全基于人的实践和体验。这种从"表征"到"实践"的范式转变也赋予了"城市想象"全新的内涵。

（三）新媒体的双重性

毫无疑问，新媒体时代的城市形象主要由公众通过文本、图片、短视频等形式在网络渠道完成民间构建。新媒体具有即时性、互动性等传统媒体不具备的诸多优势，并且能够依托海量用户和大数据及时开展受众分析，进而调整城市形象传播策略。然而，这并不意味着以新媒体为主导的城市形象构建不存在问题。首先，人工智能算法会带来数据的标签化，从而导致信息茧房的形成。每一个城市呈现出单面性，平台上城市的碎片化信息泛滥，而城市背后所蕴含的深厚历史底蕴和文化故事未能得到有效挖掘。其次，信息的无序性。新媒体平台的内容生产门槛低。海量用户自身的媒介素养参差不齐，他们所生产的内容质量也良莠不齐，面对热点话题在缺乏引导的情况下极易失去理性判断，在一定程度上会造成城市形象传播的无序局面。再次，热点易逝性。网络信息的快速更迭导致城市形象符号只能维持短期热度。在缺乏前期策划、系统宣传和后续造势的情况下，民间传播为主的方式让流行期更为短暂。最后，新媒体背后的资本逻辑不容忽视。新媒体平台运作所依靠的是资金和用户生产与消费。如果官方不加以有效监管，平台对于城市形象的偏向性塑造将会带来不利的影响，如仅仅向用户推荐现代化的、促进线上线下相关消费的场所。这不仅会破坏一些用户的相关体验，遮蔽城市的深层次底蕴和特色，还会加深他们对于城市形象的偏见。

因此，依靠媒介融合手段形成官方城市形象构建和民间城市形象构建的合力，才能够真正扬长避短，既提升传统媒体的现实活力，同时对新媒体加以引导，规避其潜在的无序性。采用跨媒体叙事的方式可以打通官方与民间的话语体系。通过选取具有普适性、丰富性、延展性的"元故事"，将各个媒体平台作为"故事世界的入口"，鼓励广大民众积极参与，进行内容再生产和再创造，这种创新性思维方式和传播模式将为城市形象构建带来新的动力和活力。在媒介联动的过程中，主流媒体需用好"中央厨房"机制，拥抱变化，打造契合不同平台属性的传播版本和利益共通的传播空间。而民间主体需以官方价值为导向，同时发挥自身的创造力和挖掘力，生产高质量的传播内容，从而融合多方资源和力量，共同打造出城市形象构建与传播的新生态，实现城市、媒介、市民三者间的高效联动。

第三章
国内外媒体呈现的上海城市形象

国内外主流媒体是全球信息传播的中坚力量，在城市形象的构建和传播方面发挥着不可替代的作用。一方面，主流新闻媒体通过深度报道、政策解读等强化城市形象的专业性和说服力，通过舆论引领、多元协作、技术赋能，成为城市形象传播的核心力量。同时，其权威性和公信力也可破解城市形象同质化问题，提升差异化竞争力。[1]另一方面，社交媒体在贴近受众、增强情感联结方面的优势使其在构建公众对城市的认知与情感方面具有无限潜力。本章节将聚焦谷歌新闻（Google News）新闻聚合平台、优兔（YouTube）和抖音国际版（TikTok）等国际社交媒体平台以及抖音和小红书等国内社交媒体平台，探讨国内外主流媒体对上海城市形象的呈现视角和趋势特征。

---

[1]《融合视阈下主流媒体城市形象传播的新路径》，载人民网，2021年10月1日。

第一节　谷歌新闻（Google News）新闻聚合平台上的上海形象

谷歌（Google）是国际最具影响力的搜索引擎之一，其提供的聚合新闻服务平台谷歌新闻（Google News）在网络国际新闻流动中发挥着重要作用，因此也为研究上海国际大都市形象的构建提供了一个不可替代的视角。本研究以"Shanghai"为关键词在谷歌新闻平台进行检索，追踪了2024年1月至2025年3月涉及上海的100篇英语新闻，内容涉及经济、科技、文化以及社会治理等多个领域。这些新闻主要来自包括《纽约时报》、路透社（Reuters）、美国广播公司（ABC）、法新社（AFP）、《华尔街日报》（The Wall Street Journal）、彭博新闻社（Bloomberg News）、英国广播公司（BBC）等西方媒体，《联合早报》、《海峡时报》（The Straits Times）、《南华早报》（South China Morning Post）、《中国日报》（China Daily）、中国国际电视台（CGTN）等部分亚洲中英文媒体。这些报道为分析上海在国际社会中的形象提供了多维视角，该部分主要呈现和分析这些全球新闻媒体呈现的上海形象的趋势特征。

一、聚焦经济与科技，凸显上海国际经济中心的城市地位

在经济与科技方面，上海依然是国际主流媒体关注的焦点，尤其是首发经济、人工智能和生物科技、新能源汽车、金融政策等领域。

首先，主流媒体高度关注上海的首发经济。首发经济是指企业发

布新产品，推出新业态、新模式、新服务、新技术，开设首店等经济活动的总称，涵盖了企业从产品或服务的首次发布、首次展出到首次落地开设门店、首次设立研发中心，再到设立企业总部的链式发展全过程。首发经济正在成为上海提振消费的新引擎，不仅聚焦"引进来"，还能为新品牌新创意搭建"试验场"，助力中国的"新面孔"走向全球。《日经亚洲》（Nikkei Asia）报道了作为首发经济起源地的上海，曾"offers a 1 million yuan（$137000）subsidy to companies that open their first Asian store in the city"［为在该市开设首家亚洲商店的公司提供100万元人民币（约13.7万美元）的补贴］，并提及路易威登（Louis Vuitton）2024年7月在上海开设的中国首家巧克力店引起了巨大轰动。

其次，上海科技也受到广泛关注。例如，"Tech Edition"（一家以科技类新闻为主的网站）报道了"Shanghai announces 40 tech champions, including SenseTime and miHoYo"（《上海公布40家科技创新企业，包括商汤科技和米哈游》），称上海在致力于成为中国顶级科技城市，对40家总部位于上海、业务领域涵盖半导体、生物技术、人工智能和数字经济的企业进行了表彰。这些公司获得了包括租金减免和研究补贴等在内的各种激励措施。《南华早报》（South China Morning Post）报道"Shanghai aims to be global medical AI hub by 2027"（《上海设立到2027年成为全球医疗人工智能中心的目标》），称上海作为中国的金融中心，目标是在2027年之前打造成具有全球影响力的医疗人工智能中心。根据该计划，上海将应对大模型和算力等领域的技术挑战，促进人工智能在临床医疗保健和中医等领域的应用。

在新能源产业方面，特斯拉是上海最受国际关注的企业之一。

例如，《亚洲财经》（Asia Financial）的 "Tesla Begins Making Battery Megapacks in Shanghai"（《特斯拉开始在上海生产超大型电池组》）和《中国汽车新闻》（CarNewsChina）的 "Satellite images illustrate how Tesla completed Shanghai Megafactory in 7 months"（《卫星图片展示特斯拉如何在 7 个月内建成上海巨型工厂》）详细介绍了特斯拉在上海推进储能电池业务的进展。这些报道体现了上海作为国际新能源产业链重要节点的地位。

除了经济和科技，上海的房地产和金融市场政策也是国际关注的重点。例如，路透社（Reuters）的 "Shanghai lowers home downpayments, eases buying curbs"（《上海降低住房首付比例，放宽购房限制》）报道了政府出台的一系列房地产市场调整政策，旨在提振楼市；另一篇报道 "Shanghai Stock Exchange vows to deepen capital markets opening"（《上海证券交易所致力于深化资本市场开放》）则关注了上海证券交易所的进一步开放措施，凸显出上海在全球金融体系中发挥的重要作用。

二、多角度切入上海文旅和体育活动，展现城市的国际化与多元性

上海文旅活动的多元性表现突出，涵盖了传统活动、现代节庆、体育赛事以及外国游客的旅游体验等主题内容。

近几年，上海的国际旅游业复苏，国际游客数量暴增，展现了上海的全球吸引力。例如，《南华早报》（South China Morning Post）的 "Shanghai draws Koreans in droves as China's visa-free entry entices travelers"（《随着中国免签政策落地，大批韩国人来沪旅游》）报道了

韩国游客因免签政策而大量涌入上海，表明政府的入境便利化政策正在促进上海成为热门旅游目的地。此外，Shine（上海报业集团旗下英文媒体《上海日报》推出的融媒体）的"Shanghai receives an influx of inbound travelers upon New Year"（《上海新年迎来大量入境游客》）提到，在2025年新年期间，上海迎来了大量外国游客，反映了其在国际旅游市场的竞争力和吸引力。值得注意的是，《TTW》（全称为Travel and Tour World，是一个B2B数字杂志和贸易网络）的"China's Shanghai Welcomes 400 Global Visitors In Spectacular Cruise Return"报道了上海邮轮市场的回暖，400名国际游客乘坐邮轮抵达上海，这表明上海正在重新成为国际邮轮旅游的枢纽。

　　除了旅游业的复苏，大型文化和体育活动也吸引了英文媒体的广泛关注。例如，《人民日报》（国际版）的"Yuyuan Garden Lantern Festival opens in Shanghai"（《豫园灯展在上海开幕》）展示了传统文化活动的延续，而《中国日报》（国际版）的"Shanghai Disney Resort ushers in the Year of the Snake with festive celebrations"（《上海迪士尼度假区举办蛇年庆祝活动》）则强调了节庆活动对旅游业的拉动作用。此外，《纽约时报》（The New York Times）的"Read Your Way Through Shanghai"（《上海阅读之旅》）则凸显了上海的人文气息与文学氛围。此外，上海举办的体育赛事也成为国际媒体关注的焦点。例如，《Olympics》（是一个媒体平台，主要报道奥运、赛事、运动员相关新闻）的"Olympic Qualifier Series electrifies athletes and fans in Shanghai"（《奥运会预选赛系列赛让上海的运动员和球迷兴奋不已》）强调了上海在国际体育赛事中的重要地位，这些报道有助于增强上海作为国际大都市的城市形象。

三、西方媒体涉沪报道对国际认知影响较大

　　从数据来源看，绝大多数关于涉沪新闻来自西方媒体，占比超过70%。这些媒体以其全球传播力和影响力，成为国际受众了解上海的重要渠道，在上海城市国际形象的构建方面发挥了重要作用。这些媒体的报道框架多以经济、科技或社会热点为切入点，正面与负面报道并存，对国际社会的认知产生了复杂影响。一方面，这些报道突出上海作为全球经济中心的地位，使上海作为国际金融和经济中心的形象更加深入人心；另一方面，部分负面新闻在一定程度上使国际社会对上海城市治理心存质疑。一些负面信息的集中报道可能强化国际社会对上海治安问题的关注，短期内削弱了其宜居的城市形象。未来，上海需要通过主动传播、文化软实力建设和高效危机应对机制，进一步巩固和提升国际形象。

第二节　优兔（YouTube）和抖音国际版（TikTok）国际社交平台上的上海形象

　　近年来，随着全球化的加快和社交媒体的普及，优兔（YouTube）成为展示城市形象的重要国际社交平台之一。截至2024年底，YouTube上包含"#shanghai"标签的账户有3.3万个，相关视频有11.3万个，位居国内城市首位。抖音国际版（TikTok）上"#shanghai"标签下相关视频播放量已超过4.02亿次，上海成为TikTok上影响力排名第二的中国城市（北京第一，播放量5.58亿次）。总体来看，上海在2024

年一年中的国际形象呈现多元化和多层次的特点，从现代、美食、时尚、高科技到文化和教育，上海的全球影响力不断增强。该部分将从现代化之都、美食之都、时尚之都、高科技创新策源地、文化产业聚集地和国际教育平台六个维度进行分析，结合 YouTube 和 TikTok 上的具体视频案例，总结上海在过去一年的国际形象。

一、上海是富有魅力的现代化之都

上海现代化的城市景观和历史建筑成为短视频内容的热门题材，尤其是南浦大桥、上海中心大厦、东方明珠电视塔、陆家嘴、外滩等地的夜景和上海的繁华街头景象，格外吸引外国受众的目光。在 TikTok 上，南浦大桥的螺旋引桥视频经过特效处理后爆红，累计播放量达到 1720 万次，其中一条特效视频播放量达 1290 万次，获得近 90 万点赞。陆家嘴和外滩的夜景视频播放量超过千万，其中一条关于上海夜景的视频在 TikTok 上获得了 1689 万次播放，并获得近 50 万点赞。陆家嘴相关视频播放量为 390 万次，外滩为 88.84 万次，东方明珠相关视频播放量达到 27.79 万次。在国际社交媒体平台上，多数海外用户对上海给与积极的评价，来过上海的国际游客一致认为上海是一个现代化的富有独特魅力的城市。

二、上海是深受喜爱和向往的美食之都

在国际社交媒体平台上，上海的小笼包、生煎包、蟹黄包等美食被国外创作者推向全球。以 YouTube 平台为例，作为上海的代表

性美食，小笼包相关视频的播放量超过 1.96 亿次，春卷相关视频的播放量超过 1130 万次。对于来沪旅游的国际游客，煎饼果子、小笼包等小吃成为争相打卡品尝的美食。例如，美食博主发布的视频《Shanghai Street Food—15 MUST-EAT Foods in Shanghai, China!》（《上海街头必吃的 15 种美食》）累计观看次数超过 500 万次。在这段视频中，博主深入上海的街头小吃摊，品尝了生煎包、小笼包、葱油饼等地道的本帮美食。另一位博主在视频《Shanghai Food Tour—Best Dumplings and Noodles!》（《上海最好吃的面条和饺子》）中，详细介绍了上海的传统面点和小吃。这些视频不仅展示了美食的多样性，还突出了上海的城市氛围和本地文化，引起了大量外国观众对上海的向往。此外，视频《Why Shanghai is China's MOST MODERN CITY》（《为什么上海是中国最现代化的城市》）中也提到，上海的美食是吸引视频作者反复造访的原因之一。

三、上海是吸引眼球的时尚之都

上海是中国的时尚之都，时尚博主和潮流达人们的短视频内容在国际社交媒体上的传播力非常强。无论是展示最新的流行服饰，还是上海的购物中心和街头时尚，均能引起国外年轻群体的关注。例如，视频《Shanghai Fashion Week 2024—The Future of Asian Fashion》（《2024 年上海时装周：亚洲时尚的未来》）详细介绍了上海时装周的最新趋势，展示了中国本土设计师的创新作品和国际品牌的参与情况。在视频《Shanghai Street Style—What People are Wearing in China's Most Stylish City》（《上海街头潮流：在中国最时尚的城市人们如何穿衣》)中，博主对上海的街头时尚进行了采访。他们发现，上海的年轻人不仅追求时尚品牌，更注重个性化的搭配和文化表达。这种现代、前卫的时尚态度，吸引了许多国际观众关注上海的时尚文化。此外，YouTube 上的视频《Top 5 Luxury Shopping Streets in Shanghai》(《上海排名前五的奢侈品店》)展示了上海的淮海路、新天地等奢侈购物地标。这些视频呈现了上海在全球时尚界的重要地位，塑造了其作为时尚之都的国际形象。

四、上海是极具吸引力的高科技创新策源地

2024 年，以"#ShanghaiTech""#FutureShanghai"等标签为主题的短视频内容的观看量呈现持续递增趋势，尤其是在展示上海科技创新和未来城市生活方式的创作者视频中，相关话题的互动频次和传播范围不断扩大。上海的智能交通系统、高科技商场、未来感十足的建筑和高科技生活场景（如自动驾驶、机器人等）成为国外观众关注的焦点。例如，视频《Shanghai's AI Revolution—The Future of Smart Cities》(《上海的 AI 革命：智慧城市的未来》)详细介绍了上海在人工智能、无人驾驶和智慧城市建设方面的成就。《Inside Tesla's Gigafactory in Shanghai》(《上海特斯拉巨型工厂》)展示了特斯拉在上海的超级工厂如何推动全球电动车行业的发展。视频中提到，上海不仅在新能源领域取得了突破，还吸引了全球科技公司在此投资建厂。此外，《How Shanghai Became China's Tech Hub》(《上海如何成为中国的科技中心》)深入分析了上海作为高科技策源地的演变过程。视频提到，上海的张江高科技园区和陆家嘴金融中心已经成为全球高科

技企业的重要集聚地。

五、上海是热门的文化产业聚集地

2024 年，随着上海成为"创意之城"的认知不断增强，越来越多的艺术和文化类视频在国际社交平台上获得了快速传播，特别是艺术创作过程或街头艺术的展示视频，获得的观看量和点赞量不断攀升。例如，视频《Shanghai Travel Guide—Top Cultural Experiences》（《上海旅行指南之顶级文化之旅》）详细介绍了上海的豫园、外滩、田子坊等文化地标。这些视频不仅展示了上海的历史文化，还介绍了现代艺术和创意产业的发展情况。视频《Shanghai's Art Scene—A Hidden Gem in Asia》（《上海艺术界：亚洲隐藏的瑰宝》）中，探访了上海的 M50 创意园区和当代艺术博物馆，展示了这座城市在艺术和文化产业方面的多元性和包容性。上海的一些独立艺术家也通过短视频展示自己的作品，在上海的艺术区（如 M50 艺术区）拍摄的创意视频，受到海外用户的好评。另一个视频《Disneyland Shanghai—A Magical Experience in China》（《上海迪士尼乐园——中国的奇妙体验》）展示了上海迪士尼乐园的节庆活动和吸引力。这些文化娱乐设施不仅推动了上海的文化旅游业，也强化了国际公众对上海作为文化产业聚集地的形象的认知。

六、上海是潜力巨大的国际教育平台

在国际教育领域，上海的表现也引发了大量社交媒体平台国际用户的关注。不少短视频聚焦上海的高等教育：某博主发布《Why Shanghai is the Best City in China for International Students: Reasons to Choose Shanghai》（为什么上海是国际学生留学中国的最佳选择）介绍了上海作为国际教育目的地的核心优势。在教育层面，上海有多所教学质量高、世界排名好的高等学府；在政策层面，上海推出了多项奖学金计划；在文化层面，上海展现了现代都市与历史街区的共生景观；在生活层面，上海具有极高的安全性。其论述完整勾勒出了上海"学术—生活双栖竞争力"的独特价值。某博主的《Life at Fudan University—A Day in the Life of an International Student》（复旦留学生一天的生活）视频展示了复旦大学的校园生活和国际学生的体验。

此外，上海的国际学校也受到一定关注。例如，某博主在视频《Why Expats Are Moving to Shanghai for Their Kids' Education》（为什么外国人为了他们孩子的教育搬家到上海）中分析了上海的国际教育环境，指出许多外籍家庭选择在上海定居，主要是因为这里的国际学校提供高质量的教育资源。这些视频凸显了上海在全球教育领域的吸引力。

第三节　国内社交媒体平台上的上海形象

抖音和小红书是当前国内流行的两个新媒体平台，其内容丰富多样，用户数量庞大、活跃度高。近年来，随着"洋网红"的入驻和国际注册用户数量的增加，这两个平台为塑造上海城市形象提供了独特视角。该部分以"上海"为关键词，分别在抖音和小红书上进行检索，以点赞量为排序依据，并通过人工筛选出 2024 年 1 月至 2025 年 3 月创作的内容中点赞量最高的 100 篇帖子以及 100 则短视频。通过对帖子和视频的主题、内容、形式、来源等进行综合分析，发现国内新媒体平台所呈现的上海城市形象的大致趋势及特征如下：上海的活力与繁荣体现其"魔都"形象；上海丰富多元的文化展现出上海兼容并蓄的国际大都市形象；上海作为"洋网红"首选打卡地展示其多元化国际文旅形象。

一、上海是中西文化交融的"魔都"

在国内新媒体平台上，上海作为中西文化融合的"魔都"形象深入人心。以"魔都"为关键词进行搜索，相关视频和图片的浏览量和点赞量在中国城市中位列前三。某博主用手机拍摄清晨 6 点的上海，感叹道：即使来过外滩 100 次，也还是会被惊艳到。另一位博主以"我用长焦拍摄的震撼照片"为标题发帖表示：魔都总是有与众不同的魅力等待你去挖掘，尽管在上海生活多年，却总是可以发现不一样的风景。上海不仅有高楼大厦，还有那些藏在繁华背后的老街小巷，当我掏出我的长焦镜头，平时看不到的小众角度就被放大，仿佛拥有了穿越时空的魔法。在相关图片和视频的评论区，不仅国内网友对上海青睐有加，国外网友也对上海充满向往。网友评价道，想亲自去上海感受这座城市的美丽，还有的称赞蓝调时刻的上海充满神秘感，东方明珠与高楼大厦相互映衬，诉说着城市的繁华。还有外国网友表示虽然早就知道中国很发达，但上海的视频最令人震撼。在国外网友的评论中，有人觉得上海像仙境，充满魔幻感；有人感慨中国的城市各有各的美，但只有上海在兼容中西文化元素方面表现最出众。总之，上海这座"魔都"，正以其独特的魅力吸引着来自五湖四海的人们。

二、上海是传统和现代融合的东方典范

国内社交媒体平台上，既有体现市井文化元素的胡同、小吃、筒子楼等内容的视频，也有体现上海更新换代快、生活节奏快、现代商业文化特征的内容；既有外国人去上海当地人家里做客展示普通人生活的内容，也有走进外国人士住所展示他国文化的内容。传统与现代完美融合是社交媒体平台展示城市形象的又一个主要特色。具体而言，文化元素主要聚焦潮流文化和地方特色文化。

一是潮流元素引领上海成为全球时尚先锋。随着社交平台的发展和年轻受众的聚集，上海的潮流文化受到了越来越多年轻人和全球时尚圈的关注。上海的街头时尚和潮流活动成为新媒体平台的"流量密码"。例如，某博主以"这辈子没见过那么多身材好的潮人"为标题拍摄淮海中路的路人；某博主以"真的被上海女生吓到了"为标题拍摄街边穿着时尚的上海女生。可见，流行时尚和娱乐元素相关内容具备较高的共享性和传播性，有助于提升公众对上海形象的认知。在潮流文化内容的生产上，小红书和抖音平台在形式和内容呈现上表现出较高的一致性。

二是有效展现美食、展览、特色小店等具有地域特色的文化。上海的限时展览、小众展览是城市的独特资源。例如，某博主通过短视频推荐"上海巨人展"，上海的网红美食和餐厅文化展示了上海的

"首店"特色。许多博主发布了探店上海新开的各类餐厅等内容，获得了很高的人气。富有创意和文艺气息的特色小店，也成为年轻人和文艺青年的聚集地。

三、上海是"洋网红"打卡首选地

随着免签政策的落地，一批批外籍游客来沪，分享他们的出行体验，成为宣传上海城市形象的新兴力量。小红书上，德国某博主以"请中国人对外国人少一些宽容"的帖子赞扬了中国是一个有礼貌的国度；俄罗斯某博主分享了她在上海旅行的经历，并认为上海是一个有趣的城市；韩国某博主在外滩感受到了什么是"世界经济城市"，引发了广泛的关注。抖音上，俄罗斯某博主以视频的方式拍摄了上海商场的旋转电梯；白俄罗斯某博主讲述了她对上海的印象，并认为上海的摄像头让她觉得中国很安全。一位在上海生活了 11 年的"洋网红"这样评价上海：上海与国际接轨的程度比较高，因此要适应这里的多元文化环境并不难。总体而言，"洋网红"对上海的体验为城市增添了更多的观察视角，有助于上海作为国际化大都市形象的多元呈现。2025 年起，在免签政策的有力推动下，韩国来沪游客数量急剧攀升，这一现象在新媒体平台引发"刷屏"效应，成为众多博主竞相追逐的热门创作主题。美国最热门网红选择上海作为其中国行的第一站，开启长达 6 小时的"无剧本"直播，短短几天其抖音账号涨粉超过 200 万。无数外国网友表示：想来上海体验当地人的生活。可见，"洋网红"呈现的"无滤镜"式的城市形象有效助力上海文旅形象的国际传播。

第四节　媒体助力城市形象国际传播的启示

基于谷歌新闻（Google News）、优兔（YouTube）和抖音国际版（TikTok）等国际社交媒体平台，以及小红书和抖音等国内社交媒体平台上呈现的上海城市形象的特征趋势，本小节总结了上海城市形象国际传播需要重点关注的几点启示。

一、提升本土媒体影响力，"自塑"国际大都市形象

西方媒体在国际新闻领域的传播具有优势，是国际受众感知上海城市形象的主要信息源和渠道，其对上海的报道框架深刻影响国际受众认知。换言之，上海国际形象的建构一定程度上体现为"他塑"。为了摆脱被动局面，上海须着力提升在沪对外传播媒体的传播力、影响力，以积极主动的姿态、从正面积极的视角向国际受众讲述上海城市故事。未来，应进一步拓展国家级和本地英文媒体（如 CGTN、China Daily、Shanghai Daily、Sixth Tone）对上海的曝光率并着力挖掘包括英文媒体在内的多语种媒体的国际传播潜力，讲述更全面更精彩的城市故事。

二、短视频在城市形象国际传播中的作用日益凸显

YouTube、TikTok、抖音、小红书等社交平台涉沪内容众多、题材广泛、视角多元，但视频的传播力、影响力仍需提升。和个人自媒体相比，主流媒体和权威机构在长期的发展过程中积累了广泛的国民

信任度和专业的品牌形象。建议更多主流媒体和权威机构入驻国内外知名社交平台，提升上海形象的整体传播力。一方面，由于用户对主流媒体和权威机构的内容真实性具有较高的认可度，因此更容易接受其发布的关于上海城市形象的信息。另一方面，主流媒体拥有庞大的受众基础，入驻新媒体平台能够将原本关注传统媒体的受众群体引入到新媒体环境中，再通过推荐算法机制，进一步扩大新媒体平台的受众覆盖面。此外，专业的采编团队和内容生产流程，能够让这些机构生产出高质量、有深度的内容。在新媒体平台上，主流媒体和权威机构可以发挥自身优势，制作出更具影响力和传播力的内容来更好地展现上海城市形象。

三、用"高科技""现代化""多元化"打造城市标签

无论是传统的美食之城、时尚之都的国际形象，还是近几年出现的高科技、文化产业、国际精品教育、现代化生活等新标签，上海未来需要综合其在高科技、文化产业、现代生活、国际教育等方面的综合优势，着力讲述上海高科技聚集地的故事、现代化城市发展的故事、和谐社区建设的故事以及普通人多姿多彩的城市生活的故事，打造面向现代化、面向世界、面向未来的"世界最向往的城市"的标签。为此，建议聚焦经济与文化亮点，通过重大经济活动展示经济发展能力，利用文化节庆活动强化其文化多样性和全球吸引力，不断打造综合性国际品牌。

四、面向 Z 世代传播城市文化有助于提升世界影响力

Z 世代（一般指出生于 1995 年至 2009 年、深受互联网影响的年轻人）作为全球青年的主力军，追求个性、注重体验、愿意尝试新鲜事物，对动漫、游戏、电影、时尚等文化产品具有强烈的消费需求。Z 世代关注的热点内容在国际短视频平台上通常具有极大的传播力和影响力。上海应充分利用其在经济、科技、教育、基础设施、国际合作等方面的巨大优势，大力开展文化产业国际合作，尝试制作更多既体现中国传统文化又融合多元文化元素的动漫、游戏和电影作品，或邀请更多的动漫（例如各类漫展）、游戏（例如电竞比赛）和电影将故事背景、活动举办地、取景地选定在上海，或邀请更多国际高端品牌和国际知名歌手及艺术家在上海举办文娱活动，以此来吸引全球 Z 世代的关注。

五、外国人正成为城市故事叙述的重要主体力量

无论是主流媒体借助外国人讲述城市故事，还是"洋网红"亲自参与短视频的生产和拍摄，国际人士对上海多元文化的城市形象的认可度不断提高。未来，可以吸纳更多具有语言魅力和跨文化经历的国际人士或"洋网红"参与上海城市形象的建构和传播。目前参与城市形象传播的"洋网红"大多不具有专业领域的知识，在城市故事的选择上多围绕吃喝玩乐等日常生活展开。未来，应鼓励更多的具有一定专业背景的医生、经理人、顾问、教育专家等人士参与城市故事的讲述和评论，以吸引更多不同领域的专业人才来上海工作和生活。此

外，"洋网红"生产的短视频质量参差不齐，内容深度挖掘有限。为了提升"洋网红"内容生产的质量，一方面可以引导他们更多关注国际人士和本地人共同参与社区治理方面的鲜活故事；另一方面，政府、媒体、高校也可以共同策划一些城市形象的短视频或纪录片，邀请专业制作团队以及具有人气的"洋网红"或国际人士深入了解上海生活，共同讲述城市故事。

六、网络信息精准监管有助于及时回应负面信息

国际媒体对上海的负面报道深刻影响国际受众对于上海城市形象的认知。如果不能及时予以回应和澄清，势必损害上海的国际形象。为此，须加强网络信息的监管，优化负面新闻应对机制，展现城市治理能力。未来，加强网络信息的跟踪和研判，通过事实核查、官方媒体及时发声等方式回应国内外媒体对上海城市形象的负面报道依然是重中之重。此外，应深化与国际媒体合作，平衡负面报道的影响，在全球范围内形成更加积极、正面的城市认知。

第四章
个体感知的上海城市形象

随着全球化进程不断加快，世界各国民众之间的交流往来也日益频繁。来沪学习、工作、游玩、经商的人员日渐增多，极大丰富了上海城市的文化多样性，同时也给上海的多元文化治理带来了挑战和压力。在沪高校留学生、外国专家，以及长期在沪居住或工作的国际人士已经成为感知上海城市形象的一个重要群体，通过对他们的调查，我们可以深入了解国际人士眼中更为真实、具体、全面的上海城市形象，这对上海作为国际大都市的多元文化建设具有重要的现实意义。为此，项目组在2024年10月至2024年12月期间，通过高校、企业等渠道对在沪学习或工作的国际人士进行问卷调研，发放问卷270份，回收有效问卷250份。参与调研的国际人士中90%在沪时间超过3个月，70%是国际留学生，30%是从业人员。

第一节 在沪外国留学生眼中的上海形象

2024 年以来，上海高校留学生的数量剧增，这些来自世界各地的留学生不仅直接学习中国的语言文化，而且有机会深入体验上海的地方特色文化和普通市民生活，成为传播上海城市形象的重要主体之一。该小节以 189 位留学生的调研问卷为依据展开。参与问卷调研的 189 位留学生年龄在 20—28 岁之间，来自法国、美国、德国、韩国、日本、俄罗斯、泰国、蒙古、马来西亚、哈萨克斯坦、越南、巴西、古巴、厄瓜多尔等国家。

一、基础设施完善、城市友好度高

当谈到对上海的整体印象时，外国留学生的回答主要集中在友好性和包容性（70%）以及基础设施的完善（60%）两方面，因素包括：便捷、干净、安全、历史建筑以及管理良好等。当谈到来上海留学的原因时，56% 的受访者提出是因为上海的基础设施好；58% 的受访者认为上海是一座开放包容的城市；39% 的受访者认为上海是一座安全性很高的城市；14% 的受访者喜欢上海温和的气候。对两个问题的回答基本一致也体现了问卷结果的可信度较高。问卷结果表明，外国留学生对上海的社会氛围和城市建设给予了较高的评价。

上海城市的整体友好度是指外籍人士对上海整体文化环境以及人文环境的友好度的评价。调查结果显示，70% 的受访者认同上海是一座友好的城市。关于上海的整体文化环境，调查对象最喜爱的元素包括：70% 的受访者提到上海有许多外国餐厅和酒吧；65% 的受访者认为周围的上海人非常友好和包容；68%的受访者认为上海人口具有多元文化背景；50%的受访者认为在上海能找到感兴趣的文化活动；40%的受访者认为，上海市民中有的能用英语交流，让他们有被接纳的感觉。

二、公共服务满意度较高

发放问卷中的公共服务满意度是指外籍人士对于公共交通、文化服务机构、媒体、艺术机构、购物等方面的整体满意度。调查结果显示：55%的受访者认为上海的公共交通非常便捷，而30%的受访者表示不满意；25%的受访者认为上海的图书馆非常多，而53%的受访者对此问题并不清楚；关于旅游服务，57%的受访者认为上海提供较好的旅游服务体验，14%的受访者不赞成；关于博物馆和艺术馆，68%的受访者满意或非常满意，10%的受访者表示不满意；关于健身房等健身场所，64%的受访者表示满意或非常满意；关于公共场所的语言标识的友好度，50%的受访者表示满意或非常满意，14%的受访者表示不满意；关于舞台剧、音乐会、戏剧、电影等文化娱乐活动，60%的受访者表示满意或非常满意，7%的受访者表示不满意；关于各类媒体App使用的满意度，选择"是"的受访者占比49%，而选择"否"的受访者占比51%；关于购物体验，60%的受访者认为满意或非常满意，其中多数国际人士对上海的数字化消费模式留下了深刻的印象，但约25%的受访者对上海的购物体验并不满意，在线上购物平台的选择上，在沪外国人更倾向于使用自己较为熟悉的国外购物平台，在使用国内购物平台时也更倾向于使用无语言障碍或语言障碍较小的国内改良版购物网站，而不是直接使用国内的主流购物平台。

总的来说，国际人士对上海的公共服务整体比较满意，不少受访者认同上海在多元、丰富、安全、便捷、高效与人性关怀等方面比其他城市具有优势。同时，一些受访者认为上海的公共交通、图书馆、媒体等方面仍然有提升的空间。在媒体服务方面，受访者建议增加多语言服务，让外国人更方便地了解上海媒体的内容，及时获取新闻资讯。在公共交通方面，一方面要增强公共交通的服务质量，包括增加班次、提高准点率、改善车内环境等，以提升乘客的乘坐体验；另一方面，建立常态化的反馈机制，定期收集乘客的意见和建议，及时调整和改善公共交通服务。此外，一些受访者建议对上海街道上随意穿行的电动车进行有效管理。在旅游服务方面，有受访者建议增加公共场所的英文标识和指引，为出行带来更多便利。在提升上海整体公共服务水平方面，25% 的受访者提出，希望上海能够增加针对多元文化群体的交流活动，提升外国留学生的社会参与感和融入度。

三、医疗和教育友好度有提升空间

对于上海的医疗和教育，受访者的看法呈现两极分化的态势：一半的外国留学生认为医疗和教育对外国人比较友好，另一半认为面向外来文化群体的医疗和教育存在较大的提升空间。在医疗方面，一些受访者对医疗系统或就医流程缺乏了解，另一些受访者认为医护人员的语言能力和跨文化沟通能力欠缺，无法满足他们的就医需求。为此，受访者建议医疗机构一方面通过宣传交流活动，提高外来文化群体对医疗服务流程的认知；另一方面加强对医务人员的外语能力和跨文化能力培训，更好地服务国际人士。在教育方面，一些受访者表示由于外国留学生和中国学生分开在不同的宿舍，很少有机会跟中国学生进行深入的交流，这不利于他们融入学校；另一些受访者认为，由于语言和文化差异较大，教学方式和行政管理理念不同，会和学校的教职员工或后勤人员发生一些跨文化误解。为此，受访者一方面希望学校组织更多的交流活动使他们有更多机会接触当地人、了解当地文化；另一方面建议学校在进行课程设置、校园管理等方面能够更好地满足外国留学生多元化的需求。

第二节　在沪外籍从业者眼中的上海形象

近几年来，上海的国际化程度和旅游吸引力显著提升，成为许多外国人的旅游和居住首选地。工作和生活在上海的国际人士在与这座城市的深度融合中逐渐形成对这座城市较为全面的认知。本小节以 61 位外籍从业人员的调研问卷为依据，呈现他们眼中的上海形象。这些参与者的职业包括教师、医生、公司员工、教练或餐饮业从业人员等。

一、上海城市的国际化程度高

上海作为一个国际化大都市，其城市形象的塑造与提升不仅体现在经济发展、公共设施等硬件方面，还应体现在市民的国际通用语水平和跨文化沟通能力等软实力方面。英语作为一种国际通用语，是目前全世界使用最广泛的语言。上海本地市民的英语水平与沟通能力也是衡量上海城市国际化的一个重要指标。在上海城市国际化方面，在沪外籍从业者对上海的国际化程度表示肯定，对市民的英语水平表达了高度认可。

法国专家指出："上海是个大城市，即使不会说中文也可以生存。许多外国人在中国生活了很多年却还是说着英语。"

土耳其籍的餐厅经理表示："如果要我回答任何一个和上海有关的问题，我的第一反应一定是'上海是一个国际化的城市'。尽管在最初来到中国的这三个月我一句中文都不会说，但我依然过得很好，甚至我都没有感觉到自己生活在国外。"

乌克兰外教认为："如果来上海，语言将不是问题，因为英语在上海运用得非常广泛，我只需学几句基本的中文就绰绰有余了。"

二、上海市民的友好度较高

本地市民在日常生活中展现出来的对外国人群的热情、好客及友善的态度，也是衡量上海城市软实力的一个重要指标。在沪外籍从业者在日常生活中，大多能感受到上海本地市民的友善和热情，有力促进了他们适应并融入上海城市生活。

来自日本的专家感受到的是上海的车水马龙、农贸集市中的喧嚣吵闹，将其称之为"鸣奏喧嚣之乐"，并认为这种"鸣奏喧嚣之乐"更具人情味："上海充盈着名为喧嚣的音乐。在上海生活了三个月，我渐渐爱上了这首音乐。也开始觉得，似乎比起寂静，有人情味更好啊。"

　　来自荷兰的教师认为，上海作为大都市的独特魅力在于它也具备"小城镇"的风情，卖煎饼的阿姨、街坊四邻都会让你从日常生活中看到别具一格的上海。他表示："我选择了正确的地方，上海是一座精彩的城市。当然，这座城市很大，但你不要被这个现象所迷惑。上海也能以其独特的方式像一个小城镇一样迷人。比如说，门口卖煎饼的阿姨在那里已经四年了，而她做煎饼的手艺是依照千百年来流传下来的老手艺。如果你第一次买她的饼，她也许会友好地对你说'侬好'。若你在她那里多买几次，她就会立刻记住你喜欢的口味，如微辣还是重辣，如果你定期买她的煎饼，她很快就会对你的一切了如指掌。不要将上海作为一个大的整体来看，你应该从你的街坊四邻开始熟悉起来，珍惜在这座城市度过的时光，你可以获得很多。"

　　来自乌克兰的教师在上海生活两年多后，深深地爱上了上海这座城市，甚至在上海找到了"家"的感觉。她认为："我对这里的一切不再感到新奇和陌生了。即使当我从亚洲其他国家旅游回来或者从我自己的国家返回之后，我都会感到，自己像是回到了另一个家。"

　　可见，一座国际化城市的魅力不仅仅在于其经济地位和现代化程度，更重要的是其独特的文化特色。上海市井生活体现的人情味代表了这座城市的独特魅力。

三、上海的多元文化氛围浓厚

　　作为一个拥有常住人口近2500万的国际化大都市，上海始终欢迎来自世界各国、各地区的外国游客、学生、从业者到上海来游玩、学习和工作。这个群体既能给城市的经济发展带来动力，又能促进中华文化与世界各国文化之间的交流互鉴，进而激发城市的发展活力，正所谓"海纳百川、有容乃大"。从这个意义上讲，上海城市的国际化也体现在对不同文化、不同种族、不同宗教信仰的尊重和包容，以及对世界文化多样性价值理念的认同和实践。

例如，来自巴西的外国专家表示，自己是一名素食者。在她来上海之前曾对自己能否在饮食方面适应当地的习惯表示担忧。但是在上海生活了两年之后，她惊喜地发现："上海的美食具有极大的包容度。我不仅能够品尝各个国家的美食，而且在这里能够找到价格多样化的素食餐厅。这一点在其他的城市很难实现。"在上海生活了8年的以色列艺术家表示，虹口区政府与海外犹太组织合作定期举办"上海犹太文化周"，他有幸被邀请与本地居民共同策划展览、音乐会。他评价道："我在上海的日常生活非常丰富多彩！"可见，对多元文化的认可、尊重和包容是上海建构国际大都市形象的又一个优势所在。

第三节　本地人眼中的上海形象

上海作为国际化大都市，文化的多样性、平等性和包容性是其形象建构不可缺少的环节。上海本地人作为多元文化环境中重要的组成部分，他们对上海多元文化环境的认知度和外籍人士的感受是否相同？为此，研究团队以上海本地人对多元文化的接受度和认可度为主题开展深度采访。80位受访者中，男性39位，女性41位，年龄最小为19岁，最大为67岁。该部分将对访谈结果进行展示和分析。

一、上海的包容性强、友好度较高

　　80位采访对象中，46人经常接触外国人，接触地点主要是所在社区、工作环境或学校，22人表示在大街上、商场、公园等公共场所见到外国人已经习以为常。采访对象中90%以上认为他们对周围的外国人"友好""礼貌"，70%认为他们会主动跟身边的外国人打招呼，70%认为如果外国人需要，他们会主动提供帮助。

　　在交朋友方面，80位采访对象中，30人表示因为交换、留学、工作等原因会结交外国朋友，13人与外国邻居是朋友，30人认为容易与外国人交朋友，30人认为比较难和外国人建立深厚的友情，20人认为难易程度因人而异。提到与外国人交朋友的原因时，36人认为外国人热爱中国文化，20人认为外国人热心参与社区事务，对他们印象很好，12人提到与外国人有较多的共同话题，12人表示对外国文化感兴趣。在日常交流方面，30人认为与外国群体"接触不多因此无法了解他们"，27人认为"语言交流有困难、文化差异大"，23人认为与外国人交流的难度不大。总的来说，如果条件允许，多数人（55%）对于"与外国人交朋友"持开放的态度，但限于生活中接触不多或语言不通、文化不同等原因，真正与外国人交朋友的本地人的比例仍然不高。

二、上海作为国际化大都市的形象定位深入人心

　　80位采访对象中，76人认为上海是国际化都市，2人认为上海在国际化方面还存在不足，2人提出不理解上海提出的国际化大都市

的定义。对于如何提升上海作为国际化大都市的影响力，70 人提到当地人应该态度友好、包容，63 人提到对外国人减少歧视偏见、平等对待，60 人提到应该为外国人主动提供帮助，33 人提到本地居民提升外语语言能力的重要性。对于政府的作用，60 人提到优化上海的城市管理和公共服务的必要性，58 人提到完善对来沪外国人的友好政策。可见，普通市民对于上海建设国际化大都市的目标具有一定的认可度，但是超过 1/3 的受访者认为上海距离国际化大都市的目标仍存在一定的差距。

80 位采访对象中，76 人认为上海人整体对外国人友好，66 人认为多元文化是上海的亮点之一，4 人认为上海人对不同国别的外国人的态度存在差异。具体而言，超过 2/3 的受访者认为本地人已经将外国人和外国文化作为日常生活中的自然组成部分，因而大多数人对上海人的态度比较友好。同时，上海存在部分人区别对待外国人的情况，对不同人种的态度存在一定差异。

三、年轻群体积极拥抱城市多元文化

随着上海国际化程度越来越高，本地人对外来群体尤其是外国文化群体成员的接受度越来越高。受访对象中，上海的青年群体对于城市多元文化的认同度和拥抱度较高。超过 90% 的青年人（年龄在 35 岁以下）认同上海在多元文化方面的优势地位，并表示愿意参加各种类型的展现多元文化的活动或项目。相比之下，很少有过跨文化体验的中老年群体对待外来文化的态度依然比较保守。这个群体整体上生活经历简单、对外来文化缺乏认知，因而多数选择待在自己的"舒适圈"中，对外来文化的态度偏向保守。

　　究其原因，一方面，青年群体作为文化群体中最活跃、语言能力最强的人群，更容易跨越语言和文化差异与外来文化进行互动交流。另一方面，上海高校作为外国留学生和外国专家的聚居地，在多元文化方面的特征尤其显著，这种沉浸式的多元文化体验使上海高校的青年学生的文化心态更加开放和包容。同样的趋势也出现在具有多元文化的社区和工作环境中。可见，生活和工作环境中的跨文化体验是提升多元文化个体对整体环境接受度和认可度的有效路径。未来，可通过设计更多的跨文化体验活动，拉近多元文化群体成员与本地人的距离。

第四节　多元文化群体助力城市形象国际传播的启示

　　综合国际留学生、外籍从业人员以及本地人对上海城市形象的认知调查结果显示，上海的包容性和友好度以及多元文化的城市属性已经被广泛认可。基于此，该小节提出多元文化群体助力上海城市形象国际传播需要思考的几点启示。

一、多元文化群体具有助力上海城市形象国际传播的潜力

　　日常交往是人际传播的重要渠道之一，是人们进行信息交流的常

用方式。研究表明，虽然大众传媒在传播范围和传播速度上明显优于人际传播，但个人经验和人际交流对整个社会观念和公众观念的建构起着重要作用。[1]也就是说，人们从人际交流中获得的经验和信息构成了他们对社会现实的认知，而这些认知同时也充当了大众传媒的过滤器，使公众选择接受或拒绝大众媒介传播的信息。[2]对于那些未曾亲身到过上海的国际人士而言，与朋友、同事、家人、同学等的交流，是他们获得对上海城市认知的重要渠道之一。在沪国际人士对上海城市形象的认知不仅会影响他们在上海居住的意愿和时间长短，也会影响尚未来沪的国际人士。鉴于上海已有的国际人士良好认知的基础，进一步推动在沪外国游客和国际留学生、专家、工作人员对上海城市的认同和欣赏，有助于这一群体更好地发挥不同文化间沟通的桥梁和纽带作用，推动上海城市形象更广泛的传播。未来，进一步提高上海对国际人士的吸引力有利于更好地展示城市形象、传播中国文化。此外，能够吸引更多的高层次人才来沪工作和生活也是一个城市综合实力的体现，对建设社会主义现代化国际大都市的上海来说至关重要。

二、国际化舒适区需成为上海城市形象建构的重要组成部分

舒适区指个体在熟悉的环境中心理上感到安全且无压力的状

［1］ Rogers, E. M., & Shoemaker, F. F., Communication of Innovations: A Cross-Cultural Approach, New York: Free Press.

［2］ 朱宏江：《中国城市形象的国际传播效果研究》，上海交通大学博士学位论文 2013 年。

态。在城市形象建构方面，上海需要在社会文化生态的营造方面多下功夫，让多元文化群体获得安全感、舒适感和归属感。目前，上海通过规划引领、空间重塑与文化交流，初步构建起开放包容的社会文化生态，在打造国际舒适区方面迈出了重要的一步。城市规划方面，上海注重以"黄浦江文化带"为核心，布局多元文化载体。上海沿黄浦江打造以艺术、演艺、文创为重点的"世界会客厅"，苏州河沿岸活化历史资源形成国际文化地标集群，为不同文化群体提供交融互动的空间。衡复风貌区通过保护历史建筑与培育新业态相结合，形成"梧桐区"这一兼具历史韵味与现代活力的国际消费街区，吸引了20多国餐饮品牌入驻，成为中外游客体验海派文化的首选地。

社区治理方面，上海创新社区治理模式促进多元共融。上海华漕国际社区聚集了来自近80个国家和地区的9000余名国际人士。社区依托虹桥国际开放枢纽建设，打造了闵行首家国际社区中心（HICC），整合生活、文体、教育及休闲资源，为外籍居民提供签证代办、法律咨询等"一站式"服务，并引进"一网通办"设备提升便利性。文化融合方面，上海通过国际文化节等强化交流互鉴。依托陆家嘴论坛、世界中国学大会等平台输出城市精神，同时打造"上海之夏"国际消费季等IP，吸引海外首演首展项目落地。上海芭蕾舞团、交响乐团等用国际语言演绎中国故事，《朱鹮》舞剧四度赴日巡演收获超15万人次观众，引发文化共鸣。数字文化领域，《原神》游戏通过全球交响音乐会传播东方美学，豫园灯会登陆巴黎、曼谷，实现传统文化创新出海。

三、对个体偏见需适度引导

上海要建设社会主义现代化的国际大都市离不开来自多元文化的人才的贡献，多元文化群体成员的跨文化适应是城市治理不可或缺的环节。本地人的态度构成多元文化群体在主流文化中进行跨文化适应的一个重要的环境因素。总的来说，上海的青少年群体和中年群体对多元文化环境持包容态度，而少数老年群体对外来文化群体的态度相对保守。未来应通过组织社区活动、文艺宣传等方式促进社区内不同文化群体之间的互动和理解，或者通过大众传媒不断宣传国际人士对上海发展的积极贡献以及多元文化对于城市健康发展的重要性，逐渐提升市民对于多元文化群体成员的认知度和接受度。

第五章
上海提升城市国际传播能力的优势与不足

前几个章节分别从媒体视角和主观认知视角解析了 2024 年 1 月至 2025 年 3 月上海城市形象建构与传播的整体趋势。本章节将在第三章和第四章实证研究的基础上，总结梳理上海建设社会主义现代化国际大都市的现状特征：从战略优势剖析，到瓶颈短板审视，再到重大机遇解读，全方位勾勒出一幅上海国际传播能力进阶的蓝图，为上海迈向社会主义现代化国际大都市赋能。

第一节　上海提升城市国际传播能力的战略优势

在国际大都市形象建构和形象传播方面，上海取得的成绩有目共睹。本小节首先聚焦改革开放以来上海在多元文化融合方面积累的优势，从城市发展能级、多元文化、传播平台和传播主体四个方面出发，分析上海提升城市国际传播能力的战略优势。

一、城市发展能级优势

上海作为全球瞩目的焦点城市，在经济与金融领域，是国际主流媒体的重点聚焦对象。每年，彭博社、路透社等国际主流媒体，针对上海经济政策调整、金融市场动态展开密集报道。这些媒体着重剖析上海金融市场动态对全球资本流动的影响和作用，深度解读国际合作项目给上海乃至全球经济带来的深远影响。这般持续且深入的关注与报道，让上海在全球经济领域始终保持高话题度，显著提升了上海在全球经济格局中的影响力与话语权，有力凸显出上海作为国内外公众普遍认可的国际金融和经济中心地位。

在科技创新领域，路透社、《纽约时报》等媒体将上海描绘成一个充满活力的技术进步中心，重点关注上海本地科技公司的崛起、技术进步的地缘政治影响以及影响这些发展的监管环境等主题。同时，上海积极举办如世界人工智能大会这类全球性科技盛会，吸引了全球顶尖科学家、科技企业高管齐聚。这些活动不仅促进了技术交流与成果转化，还成为绝佳的传播契机，通过线上线下多种渠道，让上海科技创新的成果与形象广泛传播，有力提升了上海在全球科技领域的影响力。

在城市建设方面，上海陆家嘴等建筑是城市地标的代表。社交媒体平台上，海量关于这些地标的短视频与照片广泛传播，吸引全球目光，侧面反映出上海城市建设的独特魅力与国际吸引力。同时，国际人士对上海城市形象赞誉有加，他们在此工作、生活，深度融入城市运转之中，这一现象体现了上海在吸引国际人才方面的强大能力，以及城市在国际化进程中的包容度与吸引力。

上海在经济、金融、科技创新等方面的国际影响力，以及城市建设、人才吸引等多方面的国际感召力，为城市未来的持续发展与国际影响力的进一步提升奠定了坚实的基础。

二、多元文化汇集优势

多元文化汇集是上海城市形象的一大特点，多元文化环境已经成为上海日常生活中的有机组成部分。进入 21 世纪，随着城市现代化的步伐不断加快，经贸合作、国际教育、文化艺术等领域的国际交往使上海在不断走向国际的同时，也吸引了越来越多的外国人到上海来工作、生活。

众多国际人才汇聚于此，带来了先进的技术、创新的理念和多元的文化视角。据统计，2023 年上海累计核发《外国人工作许可证》43.4 万余份，其中高端人才占比约 19%，引进外国人才的数量和质量均居全国第一。[1]同时，世界各地的游客来到上海，不仅领略了上海独特的文化魅力，也将各自的文化元素融入这座城市。从旅游方面的各项统计数据可以发现，上海在吸引全球游客方面展现出了非凡的魅力与实力。据上海市文化和旅游局发布的数据显示，2024 年上

---

[1]　上海市人民政府新闻办公室、上海市统计局：《上海概览 2024》，上海人民出版社 2024 年版，第 5 页。

海接待入境旅游者突破 600 万人次，上海"入境游第一站"新格局正逐步形成。[1] 此外，根据上海边检总站的数据，2024 年共查验入境外籍人员 456 万人次，是前一年的两倍。其中，免签入境外籍人员数量达 167 万人次，来沪外国人数量排名前五位的免签国家依次为韩国、马来西亚、日本、澳大利亚和德国。[2]

随着国际交往的深入与在沪外国人数量的增多，上海本地人对外国人的态度发生了显著转变。在学习、工作、社交、购物等场合接触外国人已经成为本地居民生活的常态。上海街头巷尾遍布着风格各异的异国餐厅。在这里，丰富多彩的国际文化节庆活动、跨国艺术展览、学术交流会议等活动接连不断地举办。在这样多元的文化场景中，不同肤色、语言和文化背景的人们在这座城市和谐共处、相互交流，让上海真正成为一座多元文化深度交融、活力四溢的国际大都市，淋漓尽致地彰显出其多元文化汇集的显著优势。多元文化环境已经成为城市生活的有机组成部分，不同群体（本地人、外来人口、外国人口）能否有效融入文化环境的变化是人民生活的幸福指数和城市和谐度的重要影响因素。

三、传播平台优势

上海在城市形象国际传播中，传播平台优势尽显。国际社交媒体平台已成为上海展示城市形象、讲述城市故事的重要平台之一。谷

---

［1］ 张天弛：《2024 年上海接待入境游客超 600 万人次》，载上观新闻网，2024 年 12 月 31 日。

［2］ 邬林桦：《上海去年出入境人次增长 85%　免签入境外籍人员数量达 167 万人次》，载上海市人民政府网，2025 年 1 月 2 日。

歌新闻平台上，西方国家生产的涉沪英语新闻报道占绝对优势。与此同时，中国媒体、机构和个体在国际社交媒体平台上对上海城市形象建构的参与率远远高于西方媒体和个体。远超西方媒体的参与率使得中国媒体、机构和个体有望在这些平台上发挥更大的积极主动性，生产更多符合国际受众品味的多模态内容。同时，越来越多的在沪外国人或者曾经有过在沪经历的外国人开始从"他者"视角讲述城市故事。这些故事吸引了越来越多的关注，相关短视频也越来越成为中西方文化沟通和交流的桥梁。未来，应鼓励更多的国际友华人士参与城市形象的国际传播。此外，由于他者视角的城市形象感知与自我感知具有一定差异，国内外媒体对上海城市形象的呈现，无论是正面还是负面，无论是赞扬还是批判，都是构成上海城市形象的一部分，都有助于我们进行更多的总结与反思，并在未来做出改进。

从内容维度上看，国内外平台对上海城市形象的呈现各有侧重且相互补充，相辅相成，构成了比较全面的上海城市图景。从国内外主流媒体和社交媒体平台涉沪内容的数量来看，上海的国际影响力在不断提升。就报道的主题而言，关于上海的政治、经济、文化和国际活动等宏观议题在西方主流媒体上占比最大，关于美食、城市风光、现代生活、高科技、文化产业和国际教育等与青年群体密切相关的微观议题在国际短视频平台上占比最大。与国际短视频平台相比，国内社交媒体平台对上海城市形象的展示亦聚焦于与普通民众生活息息相关的吃、穿、住、行、娱等微观议题，但内容更加多元，讲述的故事更加深刻。

从报道视角上看，在一些涉及中国的政治、经济、社会和外交议题上，西方媒体惯用的负面或批判视角使国际受众对中国的刻板印象不断加深。国内外新媒体平台通过展示中国的美食美景、高科技、文化产业、国际教育等不同议题展示出具有活力、积极正面的上海形象。这有助于逐渐打破国际受众对中国的刻板印象，使其能够更加全面、真实地了解上海。尤其是上海的国际赛事等共同关注的议题，新媒体平台提供的大众视角有助于抵消西方媒体惯用的负面视角，改善了国际受众对中国的错误认知。

由此可见，丰富多元的传播平台在上海城市形象的国际传播中，通过多元主体参与、内容互补、视角矫正等，彰显出强大的传播效能，为上海城市形象走向世界提供了有力支撑。

四、传播群体优势

在上海提升城市国际传播能力的进程中，传播群体所展现出的优势，离不开各个年龄层人群贡献的力量。而其中，Z世代正以其独特的姿态和无可比拟的活力，成为推动这一进程的核心力量。作为城市中最开放、最包容、最友好的群体，Z世代在上海城市形象国际传播的舞台上，正释放出具有鲜明主体性与独特代际特征的显著效能。

一方面，在国际和国内社交媒体平台，国内外的Z世代青年不仅是城市相关内容最庞大的生产者，也是这部分内容最庞大的消费者。他们通过内容的生产和消费架起了中外网友跨越文化达成沟通的桥梁。另一方面，在上海这座城市，尤其是在高等教育背景下，Z世代青年不仅具有语言优势，而且积极接受新鲜事物，拥抱多元文化，是外籍人士眼中最友好的群体。无论是在网络世界，还是在现实世界，Z 世代青年都初步表现出在跨文化城市建设中不可或缺的主体性作用。他们已然成为上海城市形象国际传播群体优势中最鲜明、最具潜力的标识，为上海在全球舞台上持续散发独特魅力注入源源不断的活力与动力。

第二节　上海提升城市国际传播能力的短板及不足

　　尽管上海拥有城市发展能级、多元文化汇集、传播平台和主体多元等方面的优势，但与其他国际大都市相比，在城市形象传播方面依然存在差距。在发挥上述优势的同时，厘清上海与其他国际大都市相比的不足并着力优化，能够加速上海城市形象的塑造与传播。上海提升城市国际传播能力的不足主要表现在文化大都市建设、媒体国际影响力、多元文化包容度、多语种应用等城市文化软实力的不足。

一、文化大都市建设有欠缺

　　要建成国际大都市，除了经济与金融的发展，还要着力文化方面的建设。诸如纽约、巴黎、东京、巴塞罗那等国际大都市，城市不仅是重要的金融和经济中心，而且也是文化名城。以巴塞罗那为例，其文化和创意是城市、经济和社会全景的主要影响因素，文化和创意部门被巴塞罗那视为形成知识经济的一种方式，文化和创意作为发展引擎的作用高于其他经济部门。相比之下，上海在文化中心的建设方面仍有欠缺。

究其原因，首先，上海在艺术、动漫、音乐、时尚、体育等文化和创意产业方面的发展虽然在国内处于领先地位，但是由于其起步晚、规模有限，因而至今仍然没有具有国际影响力的文化产品，在国际上认可程度较低。其次，上海虽然承办了许多国际赛事与文化活动，但各级各类文化活动数量少、覆盖人群数量偏低。虽然上海长期承办类似上海博物馆"古埃及文明大展"、柏林爱乐乐团上海演出季等高水平文化活动，但市民真正参与艺术展览、音乐节、时尚活动的机会较少，社区文化活动的参与率较低，尚未建立充分的文化认同和广泛的文化参与。

除此之外，对历史、传统、生态的保护也是城市文化发展中重要的一环。上海在全球化的过程中吸纳了很多西方文化元素，为国际人士提供了多元化的环境，帮助其快速融入并适应当地生活。然而，很多本土的历史、传统文化仍有待开发。在城市形象传播中，只有传统与流行相结合，才能既体现现代特色，又不失自我的独特性元素。另一方面，随着人口不断涌入，上海城市生态系统的保护面临着巨大挑战。由于生活节奏快、物价高、房价高等因素，上海对于外来人口的吸引力有下降趋势。

二、媒体国际影响力不高

媒体的影响力越大，其受众群体通常也更庞大，信息传播的速度就越快，传播范围就越广，获得的关注度和讨论度自然也就越高。换言之，一个城市的媒体影响力直接影响这个城市的影响力。

在城市形象宣传方面，纽约、巴黎、东京等国际大都市不仅拥有报纸、杂志、电视台等完备的传统媒体体系，而且积极拓展新媒体的国际影响力，打造了多元媒介并存的立体化国际传播矩阵。相比之下，上海拥有一定数量的平面媒体、电视媒体、门户媒体以及视频媒体，但这些媒体的传播受众多是中国人甚至仅是上海本地人，其传播的内容难以触及国外受众，传播效果仍有较大提升空间。同时，上海还缺少一个多元化媒介的立体化国际传播矩阵。上海的新闻媒体相较国内其他媒体起步较早，拥有一个完备的传统媒体体系，但并未在新媒体领域站稳脚跟。其内容生产仍然以国内受众需求为主，没有在国际社交媒体、短视频平台等培育出稳固的国际受众，无法很好地建构并展示上海城市形象。上海的多家媒体虽然在国内拥有一定的影响力，在国内建构了一个与国际接轨的上海城市形象，但是其国际影响力仍然有限，在上海城市形象的国际传播方面发挥的作用有限。

三、多元文化包容度有待提升

地理和历史区位优势、移民潮和多元社会结构以及海派文化的内在特质为上海多元社会文化生态的形成奠定了基础。

上海作为一个多元文化汇集的城市在国际传播方面是具有优势的，很多上海本地居民在日常生活的多个场合都会和国际人士有跨文化交流。所以总体来看，上海本地居民对于外来文化尤其是外国文化的包容性较高。但是与纽约、巴黎、东京等国际大都市相比，上海的多元文化接受度和包容性仍有提升空间。很多本地居民的活动范围仅仅限于周围的小圈子，文化教育体系在跨文化教育和培训方面还存在空白，再加上部分城市居民去外地或外国旅游、工作、求学的经历有限，因而对外来文化在一定程度上缺乏认知和理解，自然也就很难有较高的多元文化包容度。另一方面，国际人士在上海的聚集地比较集中，大多数上海本地居民没有机会与国际人士进行深度交流。多元文化是上海城市形象的标志性特征。然而，作为多元文化的重要元素，即多元文化群体之间相互融入，仍然比较缺乏。

究其实质，在表面的多元文化呈现之下，上海本地人与国际人士缺乏深层面的沟通、互动是最主要的原因。多元文化氛围不仅是一个标签，而是需要各个文化群体的成员以一种开放、包容、友好的心态拥抱多元文化。"练好内功"是上海城市形象国际传播的第一步。未来，如果能够在多元文化的标签下增添更多体现多元文化成员友好互动、和谐相处的实质性内容，必将使城市形象更加具体和丰满。

四、多语种应用存在差距

在过去的 40 多年间，上海的公共空间发生了巨大改变。一方面，公共空间的面积得以大幅扩充，环境卫生条件大幅改善。另一方面，公共空间对于外国人的友好度不断提升。目前，在上海的很多公园、地铁、博物馆、剧院、餐厅等公共空间已经提供了英语翻译服务，但是法语、西班牙语、韩语、日语、德语等语言的服务欠缺，上海现有的公共场所多语种语言文字服务体系依然偏弱。友好度较高的语言文字环境不仅有助于吸引更多国际人士前来工作、学习和生活，而且能够让在沪国际人士感受到更多的被接纳感和归属感。此外，公共场所语言翻译错误较多会引起许多不便，因而提升现有公共场所英语等语言服务的品质也是亟待解决的问题。

除了线下的公共空间，上海的线上公共服务的多语种应用也有待提升。2024年4月30日，上海国际服务门户实现英语、日语、韩语、德语、法语、西班牙语、葡萄牙语、俄语、阿拉伯语9个语种网站全部上线，在多语种公共服务方面迈出了重要的一步。未来还应与其他软件服务商合作，共同优化更多线上服务的多语种应用，包括支付类软件、网购、外卖、网约车出行等生活服务类软件和各类软件的小程序界面。

第三节　上海提升城市国际传播能力的重大机遇

上海作为中国改革开放的排头兵与创新发展的先行者，在提升城市国际传播能力方面迎来了诸多重大机遇。从宏观层面的国家战略布局，到中观领域的城市交流平台搭建，再到微观层面的媒体与专业机构建设，各个维度均蕴藏着巨大潜力。本节将深入剖析国家战略的深化推进、开放交流平台的丰富升级、媒体矩阵的健全优化以及专业机构的培育发展这四个方面，探究其如何全方位赋能上海，助力上海在国际传播舞台绽放独特魅力，向世界传递更为生动、立体、多元的城市形象。

一、国家战略的深化推进

在全球化趋势下，各国之间的联系愈发紧密。在此背景下，国家战略的深化推进对城市发展的影响愈发持久且深远。长江三角洲区域一体化发展战略、对外开放战略等国家战略的不断推进，让上海获得了前所未有的发展契机，使其在国际上的影响力日益提升。

长江三角洲城市群作为全球六大城市群之一，同时也是中国发展基础最好、整体竞争力最强的地区之一，在国际经济与城市发展格局中占据着举足轻重的地位。长三角一体化发展战略，为上海的发展注入了强大动力，使其在区域协同发展中占据显著优势，为国际传播奠定了坚实的基础并提供了丰富的素材。上海在《中共上海市委关于厚植城市精神　彰显城市品格　全面提升上海城市软实力的意见》的文件中，明确提出："优化长三角传播资源，联合开展对外交流合作，合力提升长三角城市群的国际影响力。"因此，讲好长三角城市群的故事，提升以上海为龙头的长三角城市群的国际传播力与影响力具有重要意义。

在经济领域，随着长三角一体化进程的加快，上海作为核心城市，其金融中心的地位愈发稳固。上海证券交易所每日交易金额庞大，不仅为长三角地区的企业提供了广泛的融资渠道，吸引了国内外大量资本流入，更成为全球金融界关注的焦点。各类国际金融会议频繁在沪举办，世界各地的金融精英齐聚于此，共同探讨金融创新与发展趋势。在此过程中，上海凭借高效的金融服务体系、完善的金融基础设施以及开放包容的金融政策，向世界展现了中国金融市场的活力与潜力，吸引了国际媒体的持续关注和报道，显著提升了上海在国际金融领域的知名度与影响力。

在科技创新领域，由沪苏浙皖环绕而成的长三角城市群，这片占比不足全国 4% 的土地，拥有着 9 座国内生产总值（GDP）破万亿的城市，汇聚了超过全国 30% 的高新技术企业。[1] 根据《2024 长三角区域协同创新指数》显示，长三角区域协同创新指数从 2011 年的 100 分增长至 2023 年的 267.57 分，2018 年以来，长三角区域协同创新指数年均增幅达 9.26%，[2] 长三角区域协同创新策源力在加速提升。不仅如此，长三角人才总量也在持续增加，科研合作不断紧密，科技创新共同体建设迈向新阶段。同时，长三角地区高校与科研机构密集，通过一体化战略的协同效应，上海与周边城市构建了紧密的创新合作网络。以上海为核心，在人工智能、生物医药、集成电路等前沿领域不断取得突破性成果。这些成果彰显了上海在科技、人才、创新、发展以及产业等多方面的硬核实力，是上海向世界讲述中国故事、讲好长三角城市群故事的核心要素。这些实力不仅是推动长三角地区持续发展的动力，更是向全球展示中国经济活力、创新能力以及区域协同发展模式的重要支撑。这些成果使上海成为全球科技创新的重要高地之一，进一步提升了上海在国际科技舞台上的形象，为上海

---

[1]　卢垚、范洁：《发挥上海龙头作用，提升长三角城市群国际传播影响力》，载新民网，2024 年 9 月 29 日。

[2]　上海市科学学研究所：《2024 长三角区域协同创新指数》，载上海市科学技术委员会网，2024 年 9 月 24 日。

的国际传播增添重要助力。

此外，长三角一体化发展战略推动了区域内文化资源的整合与共享，促使上海在文化领域的国际传播能力得到显著提升。上海作为文化交流的重要枢纽，举办了各类丰富多彩的文化活动。从国际电影节到艺术展览，从传统戏曲演出到现代音乐盛典，上海以其包容多元的文化氛围吸引了世界各地的艺术家与文化爱好者。这些文化活动不仅丰富了上海市民的精神生活，也成为中国向世界展示传统文化与现代文化创新成果的重要窗口。通过国际媒体报道以及参与者的口碑传播，上海的文化魅力在全球范围内得到了广泛传播。

对外开放战略方面，免签政策持续演进与优化，从多维度拓展了上海与全球交流的互动渠道。一方面，该政策显著提升了人员往来的便捷程度；另一方面，为城市形象的传播积累了丰富的素材。这一系列效应，切实推动了上海在国际舞台上的形象塑造进程，增强了国际影响力，使其成为世界洞察中国开放包容理念与多元文化魅力的关键窗口。

2024 年，中国在签证政策领域大步迈进，与 26 个国家达成全面免签协议，对 38 国实施单方面免签，为 54 国提供过境免签便利，并且与 157 个国家和地区缔结了互免签证协定。2024 年 12 月 17 日，过境免签政策进一步放宽优化，将外国人的停留时间延长至 240 小时，新增 21 个口岸供过境免签人员出入，还允许外国人在境内跨区域通行。[1] 免签政策的实施，大幅降低了国际游客、商

---

[1] 黄发红、褚君、莽九晨、张矜若、禹丽敏、牛瑞飞、徐馨、谢亚宏、朱玥颖、尚凯元：《免签效应持续显现 "中国游" 更加火热》，《人民日报》2025 年 1 月 16 日。

务人士和专业人士进入上海的门槛，使得上海的国际访客数量显著增加。来自不同国家和地区的人士，带着各自的文化背景与需求汇聚上海。他们在上海的所见所闻、所感所悟，都成为传播上海城市形象的生动素材。这些国际访客通过社交媒体、口碑传播等方式，将上海的魅力传播至世界各地，增加了上海的国际曝光度。例如，在国际互联网上，以"China Travel"（中国游）为主题的媒体流量突破10亿。以72/144小时过境免签政策为例，2024年适用此政策来华外国人数量同比上升132.9%。80%以上人员临近期限届满才离开，不少外国朋友希望有更充足时间、到更多地方旅行游览。[1] 免签政策的持续推出，使更多外国人对上海心生向往，也为上海带来了多元化的文化元素和国际视野。同时，免签政策也有助于上海吸引更多的国际会议、展览和赛事等活动，进一步提升其国际影响力。例如，上海近年来成功举办了多项国际顶级赛事，如F1中国大奖赛、上海马拉松等，这些赛事不仅吸引了全球的关注，更成为上海向世界展示城市形象、推动国际传播力提升的关键契机。

长三角一体化发展战略、对外开放战略等国家政策的持续深入推进，为上海提升国际传播能力带来了重大机遇。在经济、科技、文化等多个领域，上海借助国家战略的有力支持，不断提升自身实力与影响力，在国际舞台上展现出更为自信、开放的形象。未来，随着国家战略的进一步深化，上海必将在国际传播领域取得更为卓越的成就，成为全球瞩目的焦点城市。

---

[1] 曾诗阳:《免签政策红利充分释放》,《经济日报》2025年1月11日。

二、开放交流平台的丰富升级

上海作为中国最具国际化特征的城市之一，始终将搭建开放交流平台视为城市发展的重要战略举措。如今，这些平台已从基础架构发展为全面精细的生态系统，其丰富与升级清晰显著，成为上海提升国际传播力、展示城市形象的重要窗口。

中国国际进口博览会是习近平总书记亲自谋划、亲自提出、亲自部署、亲自推动的世界上第一个以进口为主题的国家级展会。自2018年创办以来，进博会规模逐年扩大，已经成为全球共享中国市场机遇的重要平台。2024年第七届进博会企业展面积达36万多平方米，共有129个国家和地区的3496家展商参加，国别（地区）数和企业数都超过了上届，参展的世界500强和行业龙头企业达297家，创历史新高。[1]起初，进博会主要聚焦于进口贸易，如今已成功升级转型，发展为集国际采购、投资促进、人文交流、开放合作等多元功能于一身的综合性盛会。这一转变显著拓展了平台的功能边界，为上海提升在国际舞台上的传播效能提供了全方位、多层次的支撑。各国企业借此广阔的贸易桥梁，实现优质商品与服务在全球范围内的高效流通。这一景象向世界展示了上海作为全球商品集散中心的强大资源整合能力，让全球观众直观感受到上海在国际贸易中的枢纽地位。

每届进博会，都吸引了来自世界各地的参展商与采购商。从高端制造业的精密仪器，到日常生活的优质消费品，从前沿科技的创新成果，到绿色环保的解决方案，进博会的展品琳琅满目，涵盖了各个领

---

[1] 宋杰、侯隽：《直击进博会　让世界共享中国机遇》，《中国经济周刊》2024年11月15日。

域。展会期间，全球媒体持续关注展会情况，对展会的盛况、上海的城市环境、服务能力以及在国际贸易中的重要角色进行全方位报道。上海为进博会的成功举办提供了全方位的保障。从场馆设施的建设与维护，到交通、住宿、餐饮等配套服务的优化，每一个环节都体现了上海的精细化管理与高效执行力。媒体在报道中不仅关注展品本身，也对上海的城市管理、人文关怀等方面进行了深入挖掘。通过进博会这一平台，上海不仅展示了自身作为国际经济中心的强大实力，让世界看到了中国庞大的消费市场和对全球商品的巨大吸引力，还向世界传递了开放、包容的城市形象，彰显了中国推动全球贸易自由化、经济全球化的坚定决心。

除了进博会，上海的各类国际学术会议、体育赛事等交流平台也在不断发展壮大。在国际学术会议方面，上海举办的世界人工智能大会、浦江创新论坛等，吸引了全球顶尖的科学家、学者和企业家参加。他们通过线上线下相结合的方式在会议上分享最新的研究成果、探讨行业发展趋势，促进了学术交流与合作。在体育赛事方面，上海举办的上海网球大师赛、国际田联钻石联赛上海站等赛事，吸引了众多世界顶级运动员参赛。这些赛事不仅展示了上海先进的体育设施和赛事组织能力，也吸引了全球体育媒体的关注，提升了上海的国际知名度。通过这些多元化的交流平台，上海城市形象的国际传播渠道不断拓宽，国际影响力不断提升。

三、媒体矩阵的健全优化

在全球化浪潮的席卷下，国际传播能力已成为衡量一座城市综合实力与国际影响力的关键指标。上海，作为中国国际化的前沿阵地，在提升城市国际传播能力的过程中，媒体矩阵的健全与优化无疑是重要的一环。上海报业集团和闵行融媒体中心在这方面的成功探索，为上海提升国际传播能力提供了实践经验。

上海报业集团在上海媒体领域占据着举足轻重的地位，旗下拥有众多历史悠久、影响力深远的媒体品牌，如《解放日报》《文汇报》《新民晚报》等。长期以来，这些媒体凭借着深厚的文化底蕴、专业的采编团队和广泛的受众基础，在信息传播、舆论引导和文化传承等方面发挥着重要作用。2024 年，上海报业集团顺应媒体融合的发展趋势，启动"三端合一"改革，将《解放日报》《文汇报》《新民晚报》的移动端资源整合，共建、共享、共用全新的上观新闻客户端，打造上海媒体移动传播旗舰平台。这一举措是一场深度的系统性变革，不仅重塑了集团内部的媒体生态，更为国际传播积累了丰富的内容资源与运营经验，为上海提升国际传播能力提供了有力支撑。

从内容生产来看，上观新闻客户端按照"统一技术底座、统一编辑规范、统一前端呈现"的原则，融合了三报各自特色，重划频道和页面布局，形成 39 个频道、195 个栏目，构成了丰富多元的内容底座。[1] 原三端编辑团队整合成统一的编辑中心，建立起"7×24×365"的编辑链闭环，确保了内容生产的高效与连贯。通过整合，节约了人力物力，让时政报道更具深度，文化报道更具厚度，民生新闻更具温度。这不仅提升了内容的质量，也为国际传播提供了

---

[1]　张涛甫：《上报集团"三端合一"：探索主流媒体系统变革的新坐标》，载上观新闻网，2025 年 1 月 16 日。

丰富且优质的素材源泉。例如，聚焦时政定位的《解放日报》，在上观新闻客户端成立"观见工作室"，加强对中央和市委精神的第一时间阐释解读，针对网络热点、受众痛点打造网络评论矩阵，其专业权威的时政内容通过国际传播渠道输出，将有助于国际社会更好地理解中国的政策与上海发展战略。《文汇报》着力建设头部人文平台，做强理论智库内容，创新文艺评论形式，如"文汇文艺评论""艺见"等品牌栏目，其深厚的人文底蕴内容对于传播中国文化、展示上海的文化魅力具有独特价值，有望在国际文化交流中大放异彩。《新民晚报》聚焦视频直播、融合运营，做强"夏令热线""帮侬忙"等知名品牌，其贴近民生的内容更能展现上海市民的生活百态，为国际受众了解真实的上海提供窗口。

从内容创作角度看，上海报业集团也展现出了强大的实力。2024年，集团媒体荣获包括 2 项中国新闻奖一等奖在内的 29 项全国级奖项，这充分证明了其内容的高质量与专业性。同时，124 件作品全网点击量（播放量）破亿，1264 件作品点击量（播放量）超千万，海量优质内容的产出，为国际传播提供了坚实的素材基础。在国际传播领域，集团也取得了不错的成绩，截至 2024 年底，海外账号粉丝数总计 1100 万，海外账号总阅读量超 15 亿。[1] 这一数据显示出上海报业集团在国际受众中的影响力，也为进一步拓展国际传播版图积累了受众基础。在传播渠道与平台建设方面，集团积极布局，构建起多元化的媒体矩阵。817 个账号入驻第三方平台，总粉丝数达 4.5 亿，

---

[1]《坚定打响主流媒体系统性变革攻坚战》，载上观新闻网，2025 年 2 月 11 日。

各媒体在视频号、抖音号两大主要视频平台的粉丝数较 2023 年分别增长 26%、8%，日均生产视频 805 分钟（不含直播），全年直播超4600 场。[1] 这些数据体现出上海报业集团在新媒体领域的深度耕耘，新媒体平台的广泛覆盖与高活跃度，为上海的信息传播提供了更多的平台渠道。

闵行融媒体中心同样成绩斐然。作为基层媒体融合的优秀范例，在区域内发挥着重要的信息传播与服务作用，为上海国际传播能力提升提供了基层实践经验。"今日闵行"客户端作为其核心平台，在功能拓展上成效显著，已实现全区 105 所学校体育场地预约全覆盖，全年学校体育场地预约量超 29 万单，日活量稳定在 1 万以上，最高日活量超 10 万，微信公众号平均阅读数近 8000。[2] 这种将新闻与政务、商务深度融合的模式，不仅提升了区域内居民的生活便利性，也打造了具有地方特色的媒体服务品牌。在国际传播方面，其成功经验可被借鉴。例如，闵行区在举办特色文化活动或国际交流活动时，闵行融媒体中心可通过"今日闵行"客户端以及相关新媒体平台，提前进行线上预热宣传，吸引关注。活动期间，可以利用多渠道进行深度报道与线上直播，线下在活动现场设置展示专区，借助实体宣传册、海报、电子屏等展示闵行乃至上海的城市形象，将基层媒体宣传融入国际交流活动中，扩大传播效果。这种线上线下结合、媒体宣传与活动推广结合的模式，将极大丰富上海国际传播的形式与手段。

---

[1]《坚定打响主流媒体系统性变革攻坚战》，载上观新闻网，2025 年 2 月 11 日。

[2]《2024 年上海广电媒体融合创新实践成果分享会成功举办》，载上海市人民政府网，2024 年 12 月 18 日。

上海报业集团"三端合一"和闵行融媒体中心的成功实践，为上海提升国际传播能力带来了诸多机遇。一方面，优质且多元的内容生产能力，使得上海在国际传播中有了坚实的内容基础，能够针对不同国际受众群体，提供更具针对性和吸引力的内容。另一方面，创新的媒体融合模式，如线上线下联动、新闻与服务融合等，为国际传播提供了可借鉴的传播形式与运营模式。未来，上海可借助这些基础与经验，鼓励更多媒体在国际主流新媒体平台开设账号，推动跨平台内容传播；加强与国际媒体、意见领袖（KOL）合作，制作具有国际影响力的内容；培养专业国际传播人才，进一步健全媒体矩阵，提升国际传播能力，让上海的声音在国际舞台上更加响亮、清晰。

四、专业机构的培育发展

上海在提升城市国际传播能力进程中，除了把握国家战略深度推进的契机、充分利用开放交流平台以及构建全媒体传播矩阵之外，还应高度重视专业机构的培育与发展。这些专业机构将推动上海国际传播能力迈向新高度。

上海在经济方面的专业机构数不胜数，包括上海市世界经济学会、上海贸促国际商事调解中心、上海市外国投资促进中心等。这些历史悠久的专业机构，为上海经济的蓬勃发展筑牢了坚实根基，并且随着时代的发展，持续在新经济形势下焕发活力。静安区早在2019年就提出了"全球服务商计划"，成立全球服务商理事会。此机构旨在为全球服务商搭建一个合作交流的平台，为跨国公司提供"全方位、全天候、全领域、全媒体"的综合服务，吸引了大量高能级全球服务机构入驻，囊括法律、咨询、会计、金融等领域。[1]像全球服务商理事会这样的专业机构，能够最大化上海经济中心的优势，推动经济增长、扩大投资并集结全球企业、领导者、员工及其家属来到上海、留在上海，同时加深中外企业间的交流合作，为中国企业出海奠定基础。

科技创新方面，上海建设了李政道研究所、上海脑科学与类脑研究中心、上海清华国际创新中心等一批代表世界科技前沿发展方向的高水平研究机构，科学技术成果斐然，持续吸收着全球学者、科学家、高端人才在上海发展事业。近年来，上海在人工智能治理方面大步向前，在2022年率先成立了人工智能伦理专家委员会，负责组织制定人工智能领域伦理规范指南，指导高校、科研机构、企业等开展伦理理论研究，推动参与国内外伦理问题研讨与规范制定，开展伦理咨询活动以及伦理安全教育和宣传。同时，发布了《人工智能与未来法治构建上海倡议》《人工智能时代的青年责任》《人形机器人治理导则》等文件。上海还将继续开放相关专业机构的联署，建立起一个规则共建的机制，进而构建一个促进人工智能健康发展的环境，吸引更多人工智能领域的专家学者来沪。

文化旅游方面，上海设有上海赴外文化交流中心、上海国际艺术节中心、上海国际旅游度假区文化发展有限公司、上海国际文化学会等机构，促进文化交流、文化政策研究、艺术、文学、创意产业、艺术教育、文化贸易等产业发展。依托上海的国际化优势，这些专业机

---

[1]《为企业出海提供"静安服务"，"全球服务商计划"推进大会在沪举行》，载上海市人民政府网，2024年11月26日。

构在国际舞台上展示着海派文化的独特魅力，不断吸引着世界各地的艺术家、文化研究学者与学生，也吸引着世界各地游客打卡，推动文化旅游消费升级，促进国际文化贸易往来。这些专业机构极大地提升了上海在全球文化旅游领域的影响力，促进国际文化旅游的蓬勃发展，一定程度上打造了上海艺术人文之都、旅游度假之都的国际城市形象。

在专业机构的培育发展方面，成立打造城市形象的专业机构至关重要。凭借专业的策划与创意团队，专业机构能够深入挖掘上海独特的历史文化底蕴、现代化发展成就、多元文化环境等优势，通过精心设计的宣传方案和富有感染力的视觉形象，塑造出立体、多元、极具吸引力的上海城市形象。上海可以成立一家专门打造城市形象的专业机构，有针对性地挖掘上海的红色文化、海派文化以及江南文化，同时充分发挥上海在经济金融、多元文化、城市发展、科技创新等方面的现有优势，塑造一个既国际化又极具当地特色的城市形象。同时，打造上海城市形象的专业机构能够整合机构内外资源，与上海的平面媒体、电视媒体、门户媒体和视频媒体合作，产出高质量的媒体内容，实现跨媒体、跨平台的协同传播。最后，机构和居民之间可以形成良好的互动机制，间接强化上海城市形象，进而提升上海的国际传播能力。通过开展丰富多彩的文化活动、社区交流项目等，专业机构能够增进上海居民对城市国际传播的参与感与认同感，让他们成为城市形象的生动代言人，也能加强与国际人士的沟通交流，了解国际受众的真实需求与反馈，使上海的国际传播内容更具针对性和亲和力。

第六章
上海提升城市国际传播能力的战略构想

　　城市形象传播不仅是对外展示城市魅力与特色的重要窗口，更是吸引优质要素集聚的核心驱动力；城市形象传播的深度、广度与认同度，在很大程度上取决于叙事体系建构的成熟度。[1] 本章基于党的二十大关于"增强中华文明传播力影响力"的战略部署，立足上海建设具有世界影响力的社会主义现代化国际大都市的目标，提出以"一体两翼"为核心的战略框架。该框架既遵循国际传播规律，又彰显社会主义制度优势；既扎根中华文化主体性，又契合全球文化交融趋势。旨在通过系统性、创新性的传播能力建设，使上海成为新时代中国故事的卓越讲述者和人类命运共同体理念的生动诠释者。

---

[1] 季丹：《以"价值共创"优化城市形象传播叙事体系》，《文汇报》2025 年 3 月 4 日。

第一节　"一体两翼"的战略框架设计

党的二十大报告指出："加强国际传播能力建设，全面提升国际传播效能，形成同我国综合国力和国际地位相匹配的国际话语权。深化文明交流互鉴，推动中华文化更好走向世界。"为贯彻落实党的二十大精神，上海应遵循"以我为主融合全球"的原则，不断拓宽国际交往渠道、创新文明互鉴路径、讲好社会主义现代化国际大都市的故事、稳步提升国际传播能力。本小节将具体解析提升社会主义现代化国际大都市形象的"一体两翼"的战略框架。

一、"一体"：跨文化融合

跨文化融合是国际大都市的普遍特征。以跨文化融合为主体推进文化战略，上海要在目标、形态、范围等方面加以强化。一是在融合的目标上，不能仅局限于早期的接轨国际化，而应在运用全球化语言和思维模式向世界阐释和传播城市文化的基础上，按照中国式现代化创造人类文明新形态的高追求，推动城市文化达到"本土即全球"的较高层次。二是在融合的形态上，要以建设具有国际影响力的社会主义现代化国际大都市为统领，紧扣跨文化的本质特征，在"跨"上切实寻求新突破，在坚持中华文化主体地位的基础上，加快推进包容、规训兼具的文化新融合。三是在融合的范围上，在如今全球文化日益交融的背景下，各国执行文化战略需要采取更为积极的态度，以融入全球文化的发展趋势。为此，为了提升城市国际传播能力，上海要在多元文化融合的过程中，以平等的地位和主动的姿态融入世界文化潮流，深化对本土文化的挖掘与提炼，同时积极吸纳外来文化的精髓，实现文化的互鉴共荣。

二、"两翼"之一：社会主义现代化国际大都市形象建构

城市形象是一座城市核心竞争力的关键部分，它不仅提升了城市的吸引力和知名度，还促进了城市间的交流与合作。形象建构是国际大都市内涵建设的重要方面，涉及多元主体、形象定位、提升综合实力等方面。

社会主义现代化国际大都市形象的建构是上海国际传播的重要目标之一。这一形象的建构需要从多个方面入手。首先，经济实力是社会主义现代化国际大都市形象的重要支撑。上海作为中国的经济中心之一，拥有强大的经济实力和国际竞争力。上海自贸试验区的建设、金融中心的发展、科技创新的突破等，都为上海的经济发展注入了强劲动力。例如，上海自贸试验区深化改革开放，推出创新政策和制度，吸引外资企业，提升其国际金融、贸易和航运中心地位。这不仅提升了上海的国际地位，而且为社会主义现代化国际大都市形象的建构提供了坚实基础。其次，社会治理能力是社会主义现代化国际大都市形象的重要体现。上海在社会治理方面进行了许多创新和探索，如智慧城市建设、社区治理模式的创新等。例如，上海的"一网通办"平台，实现了政务服务的线上办理和数据共享，极大地方便了市民的生活。同时，上海还注重社区治理的精细化，通过社区自治、居民参

与等方式，营造了和谐、有序的社区环境。最后，生态文明建设构成了社会主义现代化国际大都市形象的关键要素。上海致力于环境保护与可持续发展，积极推行绿色发展策略。如黄浦江两岸的生态修复工程、城市绿化建设等，都为上海的生态环境改善作出了贡献。这些生态文明建设的成果不仅提升了城市的宜居性，也为社会主义现代化国际大都市形象的建构增添了绿色元素。

三、"两翼"之二：社会主义现代化国际大都市形象传播

"城市形象是通过大众传媒、个人经历、人际传播、记忆以及环境等因素的共同作用而形成的。"[1]与其他城市营销手段相比，大众传媒成本较低，能广泛提升城市知名度，并增强城市形象资讯的可信度和有效性。在网络 1.0 时期，报纸、广播、电视等媒介构建了大多数受众对于城市的想象。艺术作品在这一时期扮演了极为重要的角色。网络 2.0 时代的城市形象传播以一种不考虑目标受众的细分和具体要求、单方注入、轰炸式的宣传方式为主，其传播内容也更为多元化和丰富化。进入移动互联网时代的 3.0 传播阶段，智能媒体以全新的方式开展区域传播，建构城市形象。智能媒体利用其多媒体、互动性、超越时空限制、自主选择等特点，极大地改变了传播生态和格局，同时也为城市形象的传播开辟了无限的可能性。

---

[1]　［美］刘易斯·芒福德：《城市发展史：起源、演变和前景》，宋俊岭译，中国建筑工业出版社 2005 年版，第 19 页。

因此，上海为了建构和提升自身作为社会主义现代化国际大都市的形象，必须积极鼓励公众参与城市形象的传播，并显著扩展传播途径。同时要意识到，官方媒体已不再是人们获取城市形象信息的唯一途径，智能媒体正为跨文化交流开辟"第三空间"，进而提升跨文化对话的可能性。事实上，由于全球化和信息化的推进及受众在传播中扮演主要角色等众多因素的共同影响，构建和传播国际大都市形象与国内外社交媒体平台的协作和互动已经变得至关重要。数字信息技术与网络技术的普及，导致了文化生产、传播和创新的深度变革。当文化产业与数字技术、移动互联网技术以及信息通信技术等现代科技相结合时，就能在通信、传媒、娱乐等多个领域实现深度融合，不断孕育出新的文化业态。上海紧跟科技创新潮流，发展新型传播手段，是推进城市形象国际传播的有效方式。

第二节　"一体两翼"的目标愿景定位

本节主要结合上海发展现状，具体阐释"一体两翼"的目标定位。

一、"一体"：跨文化融合目标

近年来，上海努力打造一个融合国际风尚与东方魅力的对话平台与交流窗口，以呈现一个多元丰富的城市形象。

在加强跨文化融合方面，上海应秉持中国式现代化的理念，推动城市文化进入国际社会，这意味着本土文化不仅在本地受到重视和传承，而且在全球范围内得到认可和推崇，成为国际文化交流的重要组成部分。

这要求上海打造具有全球影响力的文化交流中心。具体而言，上海要吸引世界各地的文化资源和人才汇聚于此。通过举办各类国际文化交流活动，不断丰富自身文化资源的同时，提升文化的多样性和包容性。例如，上海的丝绸之路国际艺术节联盟，吸引了来自49个国家和地区的178家艺术机构，成为全球规模最大的综合性艺术节合作平台。同时，上海致力于促进文化与科技、经济等领域的深度融合，并通过文化创新，将不断推出具有国际影响力的优秀文化产品和知名品牌。

此外，上海还要成为全球文化合作的重要平台，加强与国际城市和文化机构的合作与交流。通过这些努力，上海将不断提升自身的文化软实力和国际影响力，成为全球文化交流的重要枢纽。例如，上海与纽约和伦敦等国际大都市建立了广泛的合作关系，共同举办文化交流活动、开展文化研究项目等，推动了国际文化的交流与合作。

二、"两翼"之一：社会主义现代化国际大都市形象建构目标

第十二届上海市委三次全会决议明确了深化"五个中心"建设的战略重点，指出上海要强化全球资源配置功能、科技创新策源功能、高端产业引领功能、开放枢纽门户功能。全会还强调上海要奋力开创

建设具有世界影响力的社会主义现代化国际大都市新局面。[1]

第十二届上海市委四次全会决议强调，上海要加快建设"五个中心"，持续提升城市能级和核心竞争力；全面深化高水平改革开放，充分激发高质量发展的强劲动力；深入践行人民城市理念，不断提高城市治理现代化水平；深入推进国际文化大都市建设，加快提升文化软实力；更好发挥龙头带动作用，着力推动长三角一体化发展取得新的重大突破；弘扬伟大建党精神，努力创造无愧于党的诞生地的党建新业绩。[2]

由此可见，上海要从提高城市核心竞争力、深化高水平改革开放、提高城市治理现代化水平、提升文化软实力、推动长三角一体化发展等方面构建社会主义现代化国际大都市的国际形象。

三、"两翼"之二：社会主义现代化国际大都市形象 传播目标

2023年10月8日，习近平总书记在对宣传思想文化工作作出的重要指示中指出，"着力加强国际传播能力建设、促进文明交流互鉴"。构建中国话语和叙事体系，对于强化我国的国际传播能力和国际话语权至关重要。

上海积累了丰富的历史遗产，同时吸纳了多元的文化特色，孕育了丰富的发展资源，成为国际社会了解中国的重要窗口。在深入理

[1]《十二届上海市委三次全会决议》，载上海市人民政府网，2023年7月5日。
[2]《十二届上海市委四次全会决议》，载上海市人民政府网，2023年12月18日。

解和把握习近平总书记关于构建中国话语叙事体系重要论述的基础上，上海亟须提升自身的叙事能力，以更加生动、有力的方式讲述上海故事，彰显文化自信，向全球展示新时代中国特色社会主义现代化大都市的独特魅力。这一任务不仅是上海构建全球叙事体系的重要课题，更是上海致力于成为习近平文化思想最佳实践地的具体要求和生动展现，对于推动上海文化繁荣发展、提升上海国际影响力具有重要意义。

第三节　"一体两翼"的实施路径

本节将以上述目标定位为基础，从本土文化保护、文化产业发展、国际文化交流、多元主体、形象定位、与沿线国家合作、全媒体渠道、国际传播媒体建设、多语种支持、城市品牌建设、文化交流等方面进行路径探索。

一、"一体"：跨文化融合路径

上海作为国际大都市，其多元文化融合的特质是其国际传播的优势之一。为了加强多元文化的融合，上海需要在加强本土文化保护与传承的同时加强与世界各国文化的交流与合作。

（一）加强本土文化保护传承

首先，加强文化资源的保护与传承。近年来，上海加大了对红色文化、海派文化、江南文化等文化资源的保护力度，确保这些文化资源得以传承和发展。

上海的红色文化资源丰富，如中共一大会址等，这些地标承载着中国革命的历史记忆，是上海向世界讲述中国共产党奋斗历程、传播红色文化精神的重要载体，也是中国向世界讲述中国共产党奋斗历程的重要场所。通过举办红色文化主题展览、教育活动等，上海能够让国际社会深入了解中国共产党的初心使命和中国革命的艰辛历程，进一步增强世界对中国的认知和理解。

海派文化作为上海独特的地域文化，融合了中西文化元素，是上海国际传播的另一张亮丽名片。但海派文化不能简单理解为中西融合或"时尚""洋派"，而应体现其开放、包容的文化品质。海派文化的精髓在于对多元文化的包容与融合。它既深深扎根于中华优秀传统文化的肥沃土壤，传承和弘扬了本土文化的深厚底蕴，又以开放的姿态积极吸纳外来文化的时尚元素与创新精神，形成了一种兼收并蓄、独具特色的文化风格。上海通过开展海派文化主题的文艺演出、艺术展览等活动，向世界展示海派文化的独特魅力。此外，上海还注重海派文化的创新传承，如将海派文化元素融入现代时尚设计、文化创意产品中，以打造 IP 为核心，挖掘上海独有的原创主题、故事和表现形式，培养具备广泛开发潜力的文化艺术资产。上海还通过深入研究海派电影、海派建筑、海派绘画等元素，让海派文化在国际舞台上焕发新的活力。

江南文化作为上海的传统文化根基，其精致细腻的艺术风格和人文精神，为上海的文化传播增添了独特的韵味。上海通过举办以江南文化为主题的戏曲节、音乐节等活动，邀请国际艺术家和观众参与，促进江南文化的国际传播，使更多人体验到中国传统文化的深厚底蕴。同时，上海还积极推动江南文化与现代艺术的融合，如将江南园林的造景艺术应用于城市公共空间的设计，让江南文化的美学理念在国际传播中得到更广泛的传播。

（二）推动文化产业蓬勃发展

上海通过政策扶持、资金投入、人才培养等措施，推动文化产业的创新发展。上海的文创产业，如上海的动漫游戏产业，将传统文化元素与现代创意相结合，推出了许多具有国际影响力的文化产品。同时，上海促进文化产业与科技、旅游等其他产业的深度融合，通过将文化资源与旅游资源结合，打造了一批具有国际吸引力的文化旅游项目吸引了大量国际游客。

首先，培养和打造一批具备国际竞争力的文化企业与文化品牌。到 2030 年，上海要基本建成具有国际影响力的文化创意产业中心；到 2035 年，全面建成具有国际影响力的文化创意产业中心。[1] 在动漫游戏领域，米哈游、叠纸等上海企业凭借对多元文化的巧妙运用，打造出了《原神》《恋与深空》等在全球范围内广受欢迎的游戏产品。未来，上海将进一步支持文化创意产业发展，推动文化与其他社会领域的深度融合，培育更多具有国际影响力的文化企业和品牌。

其次，打造国际化的城市文化地标。例如，借助《繁花》小说及

---

[1]　许晓青、吴霞：《上海：到 2035 年全面建成具有国际影响力的文化创意产业中心》，载中华人民共和国中央人民政府，2017 年 12 月 15 日。

其改编电视剧的热潮，上海推出了以梧桐区、外滩等地标为核心的 City Walk 行走路线，并逐步扩展至各区，展现上海城市记忆的多元化和独特的海派风情。

再次，深化文化资源的探索与创新。上海借助现代科技和创意产业的力量，深入探究文化资源的内在价值，促进其创新性发展。例如，上海的"文化＋科技"融合发展模式，利用数字技术对传统文化进行数字化展示和传播。借助流动演播室和虚拟主播等创新技术，"最上海·苏州河"全媒体直播项目成功打造了一个展示和传播科技革新的平台；IP SHANGHAI 数字艺术品——"申生不息"系列，以"人民城市"实践为核心概念，通过数字化手段生动地展现了上海的发展成就。

最后，充分利用强大的 IP 效应。在专注于某一特定类型的作品创作的同时，上海致力于打造一个完整的 IP 产业链。例如，在开发影视作品的过程中，可以同步开发游戏、文化创意产品、主题公园等多种衍生产品，从而构建起一个全方位的产业链布局。

（三）加强国际文化交流合作

上海积极举办和参与国际文化交流活动，通过上海国际艺术节和上海国际电影节等活动，加强与国际城市和文化机构的合作与交流。同时，上海鼓励和支持上海的文化机构和艺术家等走向世界，参与国际文化交流与合作。这些活动展示了上海的文化魅力，为不同文化间的交流与碰撞搭建了桥梁，推动了文化的相互理解与融合。

此外，上海还注重与国际城市的文化合作，与全球 59 个国家的

92 个市建立了友好城市（区）关系或友好交流关系，并举办上海国际友好城市合作论坛，通过文化交流项目、艺术展览、文化论坛等形式，加强了与国际社会的文化联系。例如，上海与纽约、伦敦等国际大都市定期举办文化交流活动，共同探讨城市发展中的文化问题，分享文化治理经验，推动城市间的文化合作与交流。

二、"两翼"之一：社会主义现代化国际大都市形象建构路径

上海的形象建构具有鲜明的特色与深刻的内涵。社会主义的本质属性决定了上海在发展过程中，始终贯彻以人民为中心的发展理念，高度注重社会公平正义的实现以及人民福祉的提升。在保持经济持续高速发展的同时，上海也致力于打造宜居宜业的城市环境，全力推动公共服务的均等化，让每一位市民共享城市发展的成果。为了推进社会主义现代化国际大都市形象建构，上海不仅要充分发挥多元主体的能动性，还要做好社会主义现代化国际大都市形象定位，并全面提升上海作为国际大都市的综合实力。

（一）发挥多元主体能动性

通过政府统筹，企业、社会组织和市民广泛参与，构建协同联动的工作机制，实现城市形象建构的合力。第一，政府层面需完善法律法规体系，通过跨部门协作平台整合城市品牌建设资源；制定包容性政策保障企业、社会组织、市民等主体权益，提升各群体参与城市形象建设的积极主动性；设立城市形象建设专项资金，重点支持文化数

字化工程、国际传播数据库等基建项目，为多元主体提供技术赋能；通过政策引导培育"城市代言人"，认证城市推荐官，增强城市叙事的亲和力。[1]第二，鼓励文化企业开发具有全球影响力的产品，如将方言、传统手工艺融入游戏、动漫等载体，通过商业化渠道输出城市文化。[2]此外，支持社会组织发起"微更新"行动，例如社区艺术墙绘、街巷文化节等草根项目，塑造"人民城市"的鲜活形象。[3]第三，鼓励多元文化的市民深度参与城市形象构建，提升主人翁意识。例如，通过搭建数字化参与平台（如"城市形象众创App"），开放城市LOGO设计、宣传片脚本征集等通道，广泛吸纳市民创意。

（二）做好社会主义现代化国际大都市形象定位

第一，国际大都市是世界的"信息汇集和传播中心"，它不仅能够吸纳并推介最优秀的文化，还能够将原创的自有文化辐射出去，成为文化交汇的中心。为此，上海要积极传播东方文化，在融合、传承、创新中推动城市文化的现代化转型。第二，国际大都市集中体现在城市所独有的文化和精神中。上海应致力于成为推动城市文明进步的领航者，全面彰显上海这座城市所蕴含的人文精神。第三，国际大都市是世界级的文化中心。上海要以产业基础扎实、人才资源聚集以

─────────

[1]　季丹：《以"价值共创"优化城市形象传播叙事体系》，《文汇报》2025年3月4日。

[2]　漆亚林：《中国国家形象建构的历史进路与路径选择》，《人民论坛·学术前沿》2024年12月（下）。

[3]　《推动多元主体在城市更新行动中共建共治共享》，载天眼新闻，2024年12月12日。

及文化资源丰富为依托，不断提升在区域和全球两个维度的传播力和影响力。第四，国际大都市是新兴文化艺术之都，上海应致力于打造全球文化艺术教育中心，吸引国际人士以丰富城市文化多样性并激发文化创新力，同时通过文化艺术教育培育出优秀的跨文化人才和具备高素质的市民。第五，上海要依托科技文化的融合打造"世界最向往的城市"。无论是传统的美食之城、时尚之都的国际形象，还是近两年出现的高科技、文化产业、国际精品教育、现代化生活等新标签，上海未来需要综合其在高科技、文化产业、现代生活、国际教育等方面的优势，着力讲述上海高科技聚集地的故事、现代化城市发展的故事、和谐社区建设的故事以及普通人多姿多彩的城市生活。

（三）响应"一带一路"倡议，深化与沿线国家的合作

城市国际化需配合全球政治经济变革和国家对外关系发展方向。随着"一带一路"倡议的推进，上海对周边国家的对外传播显得尤为重要。[1]

"一带一路"倡议为上海在更高层次上对接外部资源提供了新的发展机遇，促进了其可持续发展。上海在"一带一路"倡议中发挥着关键作用，作为核心经贸产业园区和重要港口城市，承担着互联互通的关键节点职责。上海通过积极投身于"一带一路"倡议，必将迎来新的发展优势与开放机会，进而加速其发展进程。这种快速的发展同样会增强城

[1]　吴瑛、郭可、陈沛芹、吴秀娟：《全球媒体对上海国际大都市的形象建构研究》，《国际展望》2016 年第 8 卷第 4 期。

市对外交流的活力，助力其更深入地参与对外开放和"一带一路"建设的浪潮。在向"一带一路"沿线国家传播信息的过程中，上海应特别注重对年轻一代的影响。同时，上海的媒体机构需要与"一带一路"沿线国家的媒体建立合作关系，以促进信息的交流和民心的交融。

三、"两翼"之二：社会主义现代化国际大都市形象传播路径

信息技术的迅猛发展带来了传播途径的多样化，为上海的城市形象宣传创造了空前的机遇。上海需要全面融合传统媒体和新媒体的资源，打造一个全方位、立体化的对外传播体系。此外，通过内容和叙事创新，全面提升对外传播内容品质。最后，通过品牌建设和文化交流持续提升对外传播效果。

（一）利用好全媒体传播渠道

媒体传播是上海社会主义现代化国际大都市形象传播的重要途径。传统媒体方面，上海拥有众多的国际传播媒体，这些媒体可通过多种传播形式向世界传播上海的城市形象。上海的主流媒体在国内拥有广泛的读者群体和较高的影响力。近年来，这些媒体积极拓展国际传播渠道，加强与国际媒体的合作。例如，《解放日报》与英国《金融时报》开展内容合作，定期在《金融时报》上刊发关于上海经济发展、科技创新等方面的文章，向世界传递上海的发展动态。上海广播电视台也不断加大国际传播力度，制作了一系列具有国际视野、体现上海特色的电视节目和纪录片。如纪录片《行进中

的上海》，通过讲述上海在经济、科技、文化等领域的发展故事，向全球观众展示了上海的城市魅力和发展成就。上海市松江区融媒体中心与央媒、省市级媒体合作，丰富国际传播内容，发出基层声音。在制作国际传播新闻作品时，中心注重中外融通，制作出既具有中国特色又符合国外话语体系的融媒体作品，向国际社会讲好中国故事。[1]

新媒体方面，上海积极探索和创新传播方式和手段，充分利用社交媒体平台的强大传播力和影响力。上海通过官方社交媒体账号，及时发布城市的最新动态、重大活动等信息，与全球用户进行实时互动。例如，上海首创的全国首个城市形象数字传播平台"IP SHANGHAI"，通过数字化的方式，聚合了丰富的城市形象资源，为国际传播提供了有力支持。依托该平台，上海成功举办了"中华文化走出去"专项扶持资金项目申报及"银鸽奖"评选活动。平台持续发掘并聚合了国际传播的知识产权（IP），积极探索并实践以国际通用语言传播中华文化的途径，逐步构建并完善了国际传播顶层设计的"上海模式"，为推动中华文化走向世界作出了积极贡献。此外，在举办中国国际进口博览会期间，上海通过官方微博、抖音等平台，实时直播展会现场的精彩内容，展示各国企业的新产品、新技术，吸引了大量国内外用户的关注和参与。据统计，2024年进博会相关多个微博话题阅读量过亿次，主要高热话题累计浏览量超50亿次。抖音、快手平台进博会相关话题累计曝光量超20亿次。同时，上海鼓励企

---

［１］　周样波：《打开地方媒体向世界展示中国形象的窗口——上海松江区融媒体中心国际传播创新实践与探索》，《中国地市报人》2024年第7期。

业、机构和个人在社交媒体上积极传播上海的城市形象，形成全民参与的良好传播氛围。此外，上海还积极运用虚拟现实以及增强现实等新技术，打造沉浸式的传播体验。在上海城市形象宣传中，虚拟现实（VR）技术让全球用户足不出户就能身临其境地感受外滩的繁华、豫园的古典韵味等。通过传统媒体和新媒体的联合传播，上海的经济成就、社会治理经验、生态文明建设成果等得以向世界展示。

（二）加大国际传播媒体建设支持力度

上海通过持续加大对国际传播媒体基础设施建设的支持力度，提升媒体的传播能力和影响力。例如，上海的国际传播媒体通过引进先进的传播设备和技术，提升了节目的制作质量和传播效果。同时，上海致力于培养高素质的国际传播人才，通过加强国际传播人才的培养和引进，提高媒体的专业化水平。例如，上海的众多高校开设了国际传播相关的专业和课程，其中复旦大学和上海外国语大学与中宣部共建国际新闻传播硕士班，培养了一批具有全球视野和国际传播能力的高素质人才。其中，上海外国语大学与松江区合作建立"上外—松江全球传播实训基地"，并共同运营"上海松江"App 英语频道，旨在打造一体化的主流舆论平台。该基地将利用上海外国语大学的外语教育优势，与该校培养具有跨文化沟通能力和专业技能的国际化人才，以进一步提升松江的国际传播能力。[1]

---

[1] 周样波：《打开地方媒体向世界展示中国形象的窗口——上海松江区融媒体中心国际传播创新实践与探索》，《中国地市报人》2024 年第 7 期。

此外，上海需加大扶持海外多语种全媒体矩阵建设。近年来，中国城市海外社交账号数量逐年上升，但全媒体矩阵建设落后，337个城市中仅16个城市拥有全媒体矩阵，跨文化传播渠道单一。[1]因此，为了更好地传播城市形象，上海可以进一步提升在抖音国际版（TikTok）、优兔（YouTube）等国际视频平台以及推特（X）、照片墙（Instagram）、脸书（Facebook）等国际社交媒体的传播力度，搭建更加完整的海外全媒体矩阵，吸引海外受众参与话题或进一步分享扩散内容，充分利用这一新兴媒介形态推动城市国际形象的广泛传播。此外，应加强多语种传播与多元化主体参与，积极开设并运营多语种账号，并吸纳更多的多语种人才参与到上海的国际传播事业中，以进一步提升传播覆盖面。

（三）创新传播内容、丰富叙事视角

除了传播方式和手段，传播内容的创新也至关重要。上海通过深入挖掘本土的文化内涵和特色，结合国际受众的需求和兴趣，制作出具有吸引力和感染力的传播内容。如，2023年春节，松江融媒体中心制作了《兔年尝兔味》系列短视频，用生动的镜头语言展示松江市民制作传统美食并庆祝新年的过程。这些视频在"上海松江"全媒体平台发布，获得广泛关注，新华社采用其中六集视频，每集平均观看量超100万次，此外在新华社英文客户端和境外平台上，其总浏览量超30万次。《叶榭软糕》和《塌饼》两集分别获得"优秀县融作品前

---

[1]　袁林、石鉴、刘嘉：《形象塑造与城市认同：中国城市国际形象发展特征与策略研究》，《对外传播》2024年第9期。

十"和"特别奖"。从素材搜集到后期制作的整个过程中，为了避免文化冲突，团队都注重挖掘受众感兴趣的内容，避免触及可能引起争议的话题。同时，团队有意识地融入中华传统文化元素，通过讲述故事，逐渐培养海外受众的文化亲近感，激发他们的共情和共鸣，更全面、生动地展示了中国故事中的思想和精神内涵。

此外，通过外国人的"他者视角"讲故事也是上海国际传播可以挖掘的一大特色。随着上海这座城市的快速发展和日益增长的国际影响力，越来越多的国际人士被吸引到这座城市，并且热衷于分享自己在上海的亲身经历和故事。一些人以旁观者的身份观察和记录上海的变迁，而另一些人则更进一步，成为这座城市的一部分，以融入者的身份体验和参与上海的生活。例如"在上海，为全球"，作为首个以城市 IP 为主题的全球传播案例征集活动，吸引了众多跨国企业高管积极参与。他们分享了自身作为城市高质量发展见证者、共创者和共享者的故事，这也是 IP SHANGHAI 探索的新途径。[1]

与此同时，通过小切口的共情化叙事，上海媒体也致力于以细腻的方式生动讲述上海故事，让更多人了解真实的上海。例如，解放日报社发布的《百姓话思想》第五季《人文之城》讲述的全部是"小而美"的生活在上海的中外友人故事[2]。

（四）加强城市品牌建设

城市品牌建设也是形象传播的重要手段之一。城市塑造国际形

---

［1］《创新国际传播，打造全球叙事体系上海范本》，载澎湃新闻，2023 年 3 月 1 日。

［2］ 李欣颖、丁超逸：《构建更有效力的国际传播体系：挑战与机遇》，《对外传播》2024 年第 12 期。

象品牌需明确支撑自身发展的可持续性吸引力，并据此精准定位。[1]
通过品牌化传播，上海可进一步提升城市形象的辨识度和美誉度。上
海注重城市品牌的塑造和推广，打造具有国际影响力的上海城市形象
传播品牌，如"上海文化""上海精神""上海服务""上海赛事""魅力
上海""活力上海"等。上海整合各类传播资源，统一品牌形象和传
播口径，制作系列化的城市形象宣传作品，通过多种渠道进行传播。
同时，利用重大国际活动、赛事等契机，加强品牌推广，提升品牌影
响力。通过这些城市品牌的建设，上海将自身的文化特色、经济优
势、社会治理经验等进行整合和提炼，构建了具有独特魅力和国际影
响力的城市形象。

（五）加强文化交流

　　加强国际文化交流也可以进一步传播上海的城市形象。上海的各
类文化交流活动，吸引了来自世界各地的文化艺术团体和观众，向世
界展示上海的文化魅力和国际形象，增强国际社会对上海城市形象的
认知和认同。例如，2024 年上海国际电影节的 22 位评委会成员来自
13 个国家和地区，共展映来自 64 个国家和地区的 461 部影片，展示
了文化交流、文明互鉴的生动画面。由上海国际电影节于 2018 年发
起成立的"一带一路"电影节联盟，已从首批 29 个国家的 31 家电影
机构扩增至 48 个国家的 55 家机构。[2]

　　除此之外，上海也在不断加强国际传播能力建设方面的国际交

---

[1] 袁林、石鉴、刘嘉：《形象塑造与城市认同：中国城市国际形象发展特征与策略研究》，
《对外传播》2024 年第 9 期。
[2] 张永广：《打造文明交流互鉴典范城市》，载上海社会科学院，2024 年 9 月 30 日。

流。通过该渠道，上海可以更有效地传递自身的文化价值和城市理念。具体而言，上海通过建立国际友城网络，定期举办国际论坛和研讨会，邀请各国专家学者共同探讨城市发展和文化传播的议题，汇聚全球智慧，并不断积累上海在各领域的国际话语权。"浦江创新论坛""陆家嘴论坛""虹桥论坛""世界中国学大会·上海论坛""上海金融科技国际论坛""'一带一路'与全球治理国际论坛"等都是上海积极在各领域进行国际交流的典范。此外，上海还可以利用国际媒体平台，如与海外知名媒体合作，推出专题节目或专栏，展示上海的城市风貌和文化成就。通过这些多层次的交流活动，上海不仅能提升自身的国际影响力，还能促进不同文化之间的相互理解和尊重，为构建人类命运共同体贡献力量。

第七章
上海提升城市国际传播能力的策略建议

前文从上海建设社会主义现代化国际大都市的目标出发，提出了提升城市国际传播能力的"一体两翼"的整体战略框架：一大主体＋两大支撑。一大主体即跨文化融合，两大支撑即城市形象的建构与传播。本章将立足该框架，从营造多元文化环境、增强市民跨文化交际能力、发挥 Z 世代的主体作用、拓展城市外交渠道、优化数智科技支撑、强化效能监测等六个维度进一步阐释提升上海国际传播能力的具体叙事策略。

第一节　营造多元文化环境

为提升上海城市国际传播力，需制定平等、多元、包容的文化政策，助力多元文化环境的营造，推动"海纳百川、追求卓越、开明睿智、大气谦和"的上海城市精神深入人心。

一、明晰多元文化内涵

多元文化是一种社会和政治实践，旨在通过包容性政策和文化适应策略实现不同文化群体的和谐共处。[1]多元文化的本质特征体现在文化主体、文化实践和文化制度的多样性上，具体表现为种族、民族、性别、国籍、社会经济地位等维度的差异共存。[2]这种多元性不仅是一种静态的文化表征，更是一个动态的文化互动过程，其核心在于通过制度性保障实现文化平等与包容性发展。

将多元文化这一概念置于上海的城市语境中，可以发现其多元文化特质具有独特的表现形式和实践路径。作为中国最具国际化特征的大都市，上海的多元文化生态既体现在外滩历史建筑群与陆家嘴现代天际线的空间并置，也反映在 19 万外籍常住人口[3]与本土居民的社会互动中。从制度层面来看，上海通过建立国际社区服务中心、设立外籍人才引进专项政策等措施，构建了多元文化共生的制度保障体系。这种多元文化实践不仅提升了城市的文化包容度，也为上海建设具有世界影响力的社会主义现代化国际大都市提供了重要的文化支撑。

［1］ Berry, J. W., "Research on multiculturalism in Canada," *International Journal of Intercultural Relations*, Vol. 37, No. 6, 2020.

［2］ Olzmann, J. A., "Diversity through equity and inclusion: The responsibility belongs to all of us," *Molecular Biology of the Cell*, Vol. 31, No. 9, Sept. 2020.

［3］《上海统计年鉴 2019》，上海统计局，2020 年。

二、集聚多元文化要素

营造多元文化环境的主要目的是使多元文化群体成员在平等、友好的互动和交流中有获得感。具体而言，多元文化有两大主要构成要素：

一是多元文化群体的互动与融合。文化融合理论[1]认为，外来者（Newcomers）在融入主流文化的过程中仍保留自己的母国文化；与此同时，主流文化群体也会吸收外来者的文化元素，最终共同创造出一种融合的跨文化身份。这一理论的成立建立在三个边界条件满足的基础之上：一是外来者基本的社会化过程发生在一种文化中，然后移植到另一种新文化中；二是外来者在某种程度上对主流文化有所依赖；三是外来者和主流文化群体成员进行沟通互动。可见，不同文化群体达到融合状态不仅需要文化与文化的接触，而且需要不同文化群体常态化的互动交流。

二是多元文化群体的"文化智力"。在跨文化传播中，不少学者对跨文化能力（Intercultural Competence）进行界定和测量。例如，哈默（Hammer）、贝内特（Benett）和威斯漫（Wiseman）认为跨文化能力指的是在跨文化语境下思考方式和行为方式的适切性。[2]厄尔利（Earley）和昂（Ang）用"文化智力"替代跨文化能力，反映个体在新文化中，收集处理信息、做出判断并采取相应措施以适应新

---

[1] Croucher, S. M., & Kramer, E., "Cultural Fusion Theory: An Alternative to Acculturation," *Journal of International and Intercultural Communication*, 2.

[2] Hammer, M. R., Benett, M. J., & Wiseman, R., "Measuring Intercultural Sensitivity: The Intercultural Development Inventory," in R. M. Paige (Ed.), *Special Issue on the Intercultural Development, International Journal of Intercultural Relations*, 4.

文化的能力。[1]该研究认为，"文化智力"的理念不仅限于需要适应所在国文化环境的移民和留学生群体，而且适应于任何一个处于多元文化环境的个体。由此可知，上海本地居民作为这个城市的主流文化群体，外国人作为这个城市的少数文化群体，都需要积极提升自身的"文化智力"，从知识（knowledge）、心智（mindfulness）、行为（behavior）等三个方面建构跨文化能力。[2]具体而言，无论是本地居民还是外来人士，各个文化群体都需要对多元文化环境中其他群体的文化具有一定的认知，对其他群体的成员持开放、包容的态度，并在日常互动中逐渐提升与其他群体成员的交际能力。

三、优化文化融合政策

近年来，为了营造更加开放和友好的政策环境，上海外国人才管理部门进行了积极的尝试。例如，自2020年2月以来，上海市科委（市外专局）不断升级推出了外国人来华工作许可"不见面"审批1.0、2.0、3.0和4.0版，获得了用人单位和在沪外国人才的一致好评。[3]截至2023年底，上海共核发《外国人工作许可证》43.4万余份，其中外国高端人才（A类）近8.3万份，占比约19%，上海引进外国人才的数量居全国第一。这些政策旨在充分发挥用人单位主体责任，以便以更开放、更友好的姿态吸引外国人才。这些政策为外国

[1] Earley, P. C., & Ang, S., *Cultural Intelligence: Individual Interactions across Cultures*, Stanford: Stanford University Press.

[2] Thomas, D. C., "Domain and Development of Cultural Intelligence," *Group & Organization Management*, 1.

[3]《上海外国人才集聚度持续居中国首位》，载中国新闻网，2024年5月18日。

人才顺利进入工作环境、共创多元文化环境提供了便利。除了人才政策，城市多元文化环境的营造还需要从公共空间、社区建设、工作机制三个方面提供全方位政策支持。首先，在公共空间，市政管理部门应加强多语种服务体系建设，为不同文化背景的居民和游客提供便利。例如，在公园、广场、地铁、公交、图书馆和博物馆等公共场所配备多语种标识和语音导览等语言服务，同时增设多语种志愿者或咨询台。通过打造多语言、多文化兼容的公共服务体系，有效提升不同文化群体的归属感和体验感，使城市公共空间更具包容性。其次，基层管理部门需确保社区内多元文化群体成员以平等、合作、共赢为原则，共同参与社区公共事务，营造和谐的社区环境。例如，可以学习借鉴巴塞罗那的经验，邀请在沪国际人士作为景点导游，为其他的来沪外国人提供历史、文化方面的导游服务。这不仅能增强外籍居民的融入感，还能促进本地居民与外来群体之间的文化互动。再次，在工作机制方面，各行业需制定面向所有文化群体的公平公正的用人政策。例如，设立文化多样性友好型招聘标准，消除因语言、文化差异带来的就业壁垒，并提供跨文化技能培训，帮助外来文化群体更好地适应工作环境。只有从市政管理、社区建设、工作机制等方面出台更加平等和包容的政策和规章制度，才能使整个社会自上而下做出改变，为营造多元文化环境贡献力量。

第二节　增强市民跨文化交际能力

上海作为国际大都市，不仅是经济和科技的中心，更是多元文化交融的平台。作为上海这座国际大都市的主体，市民的言行举止、文化素养和跨文化交际能力直接影响外界对上海的印象。加强市民的跨文化交际能力，不仅能够促进不同文化间的理解与包容，还能展现上海"开放、创新、包容"的城市品格，为构建鲜明的国际城市形象提供有力支撑。

一、普及跨文化教育

跨文化能力不仅是提升国家参与全球教育治理能力的重要维度，也是培养具有全球视野的"公共人"的关键因素。联合国教科文组织将跨文化能力定义为与在语言和文化背景上和自己不同的人进行有效和适当互动所需的复杂技能，并明确了跨文化能力的基本维度，即倾听能力、对话能力和好奇心。[1]政府官员、专家学者、普通市民和国际人士都具备良好的跨文化能力也是国际大都市软实力的体现。培养跨文化能力、普及跨文化教育对于一个多元文化城市具有重要的意义。

首先，将跨文化教育引入中小学、大学的教育体系中，使青少年从小开始培养对多元文化的认知和接受。张红玲、吴诗沁提出的"跨文化教育参考框架"[2]为国际大都市中小学、大学分级实施跨文化教育提供了有益的借鉴。该参考框架确立了认知理解（外国文化知识、

---

[1] 巫锐、袁宏宇、杨静：《跨文化能力框架与培养路径——以联合国教科文组织为例》，《世界教育信息》2024 年第 3 期。

[2] 张红玲、吴诗沁：《外语教育中的跨文化能力教学参考框架研制》，《外语界》2022 年第 5 期。

中国文化知识、普遍文化知识）、情感态度（文化意识、国家认同、全球视野）和行为技能（跨文化体认、跨文化对话、跨文化探索）3个维度、9个要素的能力结构，每个要素按照小学、初中、高中、大学划分梯度和描述能力。未来，跨文化教育的理念和实践有待进一步推广和实施。

其次，国际社区居民作为多元文化建设的核心主体，需成为跨文化教育的积极参与者和践行者。为此，鼓励上海的国际社区通过组织形式多样的文化活动，为不同文化背景的居民提供交流与互动的平台，增进社区居民与外国居民之间的理解与沟通。同时，引导本地居民和国际人士共同参与社区治理，将多元文化的理念融入日常管理。在此基础上，社区还应建立支持多元文化发展的配套措施，例如搭建官方网络媒体平台，宣传多元文化活动，并为在沪外国人提供实时的语言与文字服务，从而更有效地促进文化融合与交流。

最后，政府官员、专家学者、商务人士作为最频繁接触多元文化的群体，需接受系统化的跨文化培训，进一步提升对多元文化知识的认知和理解，增强与国际人士顺畅沟通与交流的能力，为推动跨文化合作与融合奠定基础。

总之，上海建设社会主义现代化国际大都市，市民的跨文化素养直接关系其对外的吸引力。为此，地方政府应全方位布局，有效整合各种资源，尽早启动跨文化人才的培养方案。普及跨文化教育，提高跨文化人才的比例，才能有效提升整个城市的跨文化交际能力。此外，英语是世界上使用最广泛的语言，提升上海市民的英语普及率和使用率，能够为国际人士来沪旅游、学习或从事商务活动提供更多便利。

二、强化跨文化公共空间建设

公园、剧场、电影院、商场、广场、地铁车厢、交通枢纽、旅游景点、停车场、办公楼等城市公共空间都是展示城市形象的重要场景，在国际交往中具有独特作用，但其展示潜力尚未完全发挥。为此，可以从以下三个方面加以提升和优化：

首先，在城市公共空间设立"市民行为准则"布告牌或电子屏，引导市民规范公共行为。例如，通过醒目的标语和生动的宣传内容，倡导尊重不同文化背景的群体，禁止采取针对外来文化群体的歧视性言行。

其次，以合作形式进一步为公共空间引入国际元素，例如与国际艺术家、设计师或文化机构合作，在广场或地铁站开展跨文化艺术展览或装置艺术空间项目。这种方式既能够丰富城市的文化内容，也可以为国际人士融入当地社区提供平台。通过这些努力，城市公共空间将不仅发挥功能性场所的作用，而且成为文化展示和人文交流的活跃舞台，为国际交往和文化融合注入新的活力。

最后，通过在公共空间开展多元文化展示活动，增强市民对多元文化的理解与认同，同时营造浓厚的文化氛围。例如，在公园等开放空间举办国际美食节、咖啡文化节、书展、影展等活动，吸引不同文化背景的市民和游客参与互动，增进彼此之间的理解与信任。在美术馆展示来自世界各地的艺术作品，在剧场引进更多展示异域文化的节目等，以提升市民对不同文化的认可度和尊重度。此外，还可通过在公交、地铁、商场、公园、图书馆等建立多语种公共服务体系，积极营造浓厚的多元文化氛围。

三、资助跨文化交流活动

市民跨文化能力的提升离不开有关部门的实际支持，尤其是资金资助的推动。政府、企业、社会公益组织和机构可以通过设立专项基金，为市民创造更多的跨文化交流的机会，增强其在多元文化环境中的沟通能力与适应能力。

首先，鼓励社区和高校联动合作，组织市民与国际友人通过语言伙伴计划、国际文化讲座等多元文化活动丰富跨文化体验，增进理解与包容。

其次，资助青年学者参加国际会议、交流项目或出国研学活动，为其提供走出国门、直面他者文化的机会。这些经历能帮助青年在真实的跨文化环境中锻炼语言与交际能力，提升文化敏感性、拓展国际视野。

此外，扶持本地社团和非政府组织发起跨文化合作项目，联合国际社区开展公益活动或文化推广项目。这类项目不仅有助于拉近本地居民与国际人士的距离，还能增强上海作为国际大都市的文化感召力与凝聚力。

通过资助跨文化国际交流，不仅能够提升市民的跨文化交际能力，更为打造具有世界影响力的社会主义现代化国际大都市的品牌提供强有力的支持。

第三节　发挥Z世代的主体作用

无论是在国内外社交媒体上，还是在日常生活中，Z世代都是城市形象传播的主力军。社交媒体上，绝大多数和上海有关的短视频内容生产者都是 Z 世代；日常生活中，眼界开阔、思维活跃、见解独到的上海 Z 世代也对多元文化拥有较高的接受度。为此，一方面要发挥 Z 世代在城市形象国际传播中的主观能动性，另一方面，也可借助他们喜欢的方式吸引全球青年关注上海。

一、加强 Z 世代国际传播人才的培养

习近平总书记强调："要加强高校学科建设和后备人才培养，提升国际传播理论研究水平。"[1] 培养国际新闻传播人才必须聚焦 Z 世代这一特殊群体。Z 世代成长于数字化高度发展的时代，对互联网和社交媒体有着天然的熟悉度，并深受全球化的影响。在国内外形势复杂多变的当下，培养 Z 世代成为符合新时代需求的国际传播人才必须在知识传授和专业能力培养的同时，融入思想引领、价值塑造等软性要素。[2] 首先，应强化其政治素养和价值引领，使其深刻理解国家发展战略，增强国家认同感和使命感，同时在全球化语境下准确表达中国立场。其次，要加强跨文化沟通与共情能力，使其在多元文化环境中学会换位思考，寻找共通点，提高中国叙事的吸引力。与此同时，Z 世代需提升媒介素养与技术应用能力，掌握数据新闻、可视化传播、社交媒体运营等技能，以增强国际传播效果。此外，构建实践

---

[1]《习近平在中共中央政治局第三十次集体学习时强调：加强和改进国际传播工作　展示真实立体全面的中国》，《人民日报》2021 年 6 月 2 日。

[2] 郭可、索格飞：《国际新闻传播课程思政的实践路径和理论反思》，《中国新闻传播研究》2022 年第 1 期。

导向的培养体系至关重要，通过与政府机构、国际组织、主流媒体及互联网平台合作，提供国际新闻报道、外宣项目、跨文化交流等实践机会，鼓励他们利用社交媒体讲述中国故事。同时，要培养 Z 世代的社会责任感，使其在职业生涯中主动投身国际传播事业，为提升国家软实力贡献力量。政府和社会也应提供支持，形成全社会共同推动国际传播人才培养的良好氛围。

二、提升城市形象的建构参与

每一位公民都是城市形象的一张名片，其一言一行都会影响城市形象。每一位在海外的 Z 世代中国青年都是自己文化的代言人。只有从小培养他们的文化认同感、增强民族自豪感和文化自信，才能让他们在国外纷繁复杂的社会和文化环境下，既不盲目自信，又不妄自菲薄，能够通过恰当的言谈举止展现自身能力和中国文化的风采。在面临争议性局面时，保持独立思考和理性判断的能力，勇于表达立场，维护自我形象和国家尊严。在国内，上海的 Z 世代有更多的机会在校园、工作、社区或其他公共场所接触国际人士、感受多元文化，应鼓励他们勇敢地跟国际人士进行沟通和交流，用开放、友好、真诚的态度营造和谐的城市文化。对参与进博会、上海国际电影节、上海国际艺术节、F1 中国大奖赛上海站等重大国际场合志愿活动的成千上万名 Z 世代群体进行必要的跨文化培训，切实提升他们传播城市形象的意识以及跨文化沟通的能力。

三、助力新媒体平台内容生产

当前，社交媒体已经全面渗透到 Z 世代生活的方方面面。作为网络原住民，Z 世代已熟练掌握运用新媒体进行学习和社交的技能。很多 Z 世代青年通过社交媒体获取、分享或生产信息，但是这些信息多与日常生活相关，真正通过社交媒体参与社会公共事务的依然较少。在热门社交媒体平台，Z 世代关注的内容多围绕生活、美妆、美食、时尚、明星等话题。未来，如果更多具有语言能力、跨文化意识、创意思维和未来导向的 Z 世代青年能够通过社交媒体平台参与社会热点、社区和城市治理等与社会主义现代化国际大都市形象建构密切相关的内容生产或互动讨论，展示青年力量和锐意进取的精神，将极大助力上海城市形象的国际传播。

第四节　拓展城市外交渠道

跨文化交往不仅是各国不同文化之间的交流与互动，更是文化产品传播与贸易的重要途径。在国际大都市之间，跨文化交往不仅能够增进城市间的相互了解，还能促进文化产品的广泛传播与贸易，实现文化与经济的互利共赢。通过拓展文化城市外交渠道，可以加强与全球城市的深度文化合作，推动本地文化的国际传播，并进一步带动经济的持续发展。

一、打造地标性城市外交平台

上海国际电影节、上海旅游节、F1 中国大奖赛上海站、上海国际马拉松赛、上海国际艺术节、城隍庙元宵庙会、上海之春国际音乐节等大型国际文化活动不仅受到大量上海本地居民的欢迎，而且在国际人士中拥有很大的影响力。可见，利用重大国际文化活动传播上海形象、提升上海的国际声誉已经被证明是行之有效的。然而，与纽约、巴黎、东京等城市强大的文化产业基础和数量众多的文化平台相比，上海在文化平台建设方面仍存在短板。为此，上海应打造更多汇聚多元文化的新地标。这种新地标的建设需要根据各个区域的文化特色和生态空间布局，因地制宜地进行设计。例如，上海西岸作为知名文化品牌，自 2014 年起逐渐成为传播中国文化、凸显海派文化特色的"国际大都市"的卓越水岸。作为上海市城市总体规划（2016—2040）中明确定位的中央活动区和文化功能核心承载区，上海西岸以沿江公共开放空间为纽带，在"十三五"末建设形成了 8 个美术馆、8 座剧场、4 个公共艺术中心，成为在亚洲具有影响力的文化艺术群落。上海西岸的设计"非常重视开放空间、生态空间和文化空间的打造，特别是注重对滨江地区工业文化遗存的保留，把塔吊、铁轨、油罐、机场跑道、水泥仓库、码头车站等融入到公共文化空间和生态景观当中，在此基础上实现'铁锈地带'的有机更新，使西岸成为上海与世界对话的文化大平台和文化新地标"。[1] 上海西岸作为多元文化新地标，充分融入了滨江的地理优势以及商业文化聚集地等元素，使其从建设之日起就引发了广泛的关注。未来，需要搭建更多的汇聚多

[1]《"上海西岸"：崛起中的跨文化交流新空间》，载新华网，2017 年 7 月 15 日。

元文化的新地标，并通过常态化的艺术展览、文化推介、音乐、时尚等活动吸引更多的国内外文化艺术爱好者。

二、提升社区文化活动国际参与

第三次上海市社区文化活动中心评估定级结果显示，上海的16个区拥有218个全市上等级街道（乡镇）文化活动中心。这些中心的文化活动旨在丰富居民的文化生活，增进社区凝聚力。然而，当前的社区文化活动缺乏系统的组织和专业策划，并未形成特色和规模，影响力仍然有限。

为了提升社区文化活动的国际参与度，未来可以根据不同社区的居民构成和区位特征，设计多样化的文化项目。例如，可以定期组织具有本土特色的红色文化活动，如诗歌朗诵、歌唱比赛、民间剪纸、书法大赛或舞蹈比赛等，以弘扬上海的红色文化特色。与此同时，可以增设多元文化交流活动，举办代表不同文化的节日庆祝、国际美食节、文化艺术展示或国际文化商品展销等活动。这类活动不仅能吸引更多的本地居民参与，还能激发国际人士的兴趣，促使他们更深入地融入社区，分享彼此的文化。

三、丰富更具体验性线上平台供给

日常购物是国际人士体验上海文化的方式之一。然而，目前仅有少数在上海的国际人士会像本地人一样选择线上购物平台。需指出，购买和消费"中国制造"的产品，尤其是文化产品的过程不仅是国际人士与本地居民跨文化交往的过程，一定程度上也会帮助他们体会中国的消费文化。如果能够根据国际人士的语言文化习惯以及购物偏好设计出专门的购物平台，这不仅能够极大地方便国际人士，而且为他们通过"数字融入"的方式融入城市的生活提供了便利。同时，这些在线平台也能够将中国的文化产品，尤其是上海当地特色文化产品，展示给国外友人，有效提升中国文化产品的国际影响力。这个过程也会促使中外民众在文化产品的交易中实现跨文化沟通和交往。

四、推动重大平台功能拓展

要按照上海市委打造具有国际影响力的发展平台新高地要求，推动重大平台的功能拓展。为此，着力充实中国国际进口博览会的跨文化功能，促进文化搭台、贸易唱戏；提升陆家嘴论坛、浦江论坛、虹桥论坛的跨文化影响，吸引全球高端智慧，引领行业发展风向；提升中国国际工业博览会、世界人工智能大会、上海国际品牌周、上海国际电影电视节、中国上海国际艺术节、上海时装周等活动的跨文化传播力，扩大其参与面。

五、深化"友好城市"间交往

上海已与世界 59 个国家的 92 个市建立了友好城市（区）关系或友好交流关系。目前，上海与这些城市的交往多表现为官方的文化和经济交往，民间的文化艺术交流有待进一步拓宽。可以"友好城市"的名义在上海推介埃及的亚历山大省、土耳其的伊斯坦布尔市、阿联酋的迪拜市等城市文化为例，吸引更多的本地居民关注这些区域，为未来双方的人员来往奠定文化基础。也可尝试在上海的"友好城市"举办文化活动，推介上海特色文化。

青年作为城市文化最敏锐的感知者，他们的一言一行都会影响城市的发展与繁荣。未来，建议在以下方面进行更多的尝试：一是鼓励更多的青年群体参与到国际友好城市的交流项目中，通过学术交流或田野调查的方式传播中国文化，并深入了解他国文化；二是通过更多方式吸引国际友好城市青年来上海学习和生活，他们作为文化沟通的桥梁，有利于把上海城市发展的故事讲给更多的国际公众。

六、借助"他者"力量讲述城市故事

在建设国际化大都市的过程中，上海可以充分借助"他者"力量——即国际人士、国际机构、全球媒体等国际资源，通过他们的视角和声音，向世界传递独特的上海故事。以多元化的方式开展城市外交，不仅能增强上海的国际知名度，也有助于塑造包容开放的城市形象。

首先，可以邀请在沪的国际文化名人、学者和商业领袖担任特殊职务。这些深耕于上海的国际人士熟悉城市文化，也具有全球影响力。他们的真实经历和个人感受能够为上海的国际传播注入更多生动可信的故事。可以通过举办主题分享会、拍摄短视频、进行社交媒体直播等形式，让他们讲述自己眼中的上海，从文化、美食、历史、现代化建设等多角度呈现这座城市的独特魅力。

其次，应充分利用国际学生群体的传播潜力。上海拥有多所知名高校，吸引了来自世界各地的留学生。这些年轻人既是多元文化的受众，也是极具潜力的城市故事讲述者。政府和学校可以共同开展"我眼中的上海"系列活动，鼓励留学生通过短视频、摄影展或文字作品，记录他们在上海的学习与生活。其中的优秀作品还可以在国际文化交流活动中展出，形成一种双向传播机制。

再次，上海可以加强与国际媒体平台的合作，利用他们的传播优势扩大城市故事的全球影响力。通过与国际知名媒体联合策划专题栏目，以外籍记者、节目主持人的视角讲述上海的故事，覆盖更多的海外受众。此外，还可以支持与国际新媒体平台的合作，以短视频、社交媒体帖文等多样化的形式吸引全球年轻群体关注。

第五节 优化数智科技支撑

随着移动互联网、大数据、人工智能、虚拟现实（VR）等新技术应用带来的全新影响，上海推进城市形象对外传播急需抓住科技变革机遇，充分利用数智新技术来提升对外传播的精准度和时效性。

一、助力革新对外传播形态

Web3.0（第三代互联网）智能化传播时代已来临。不同于Web1.0（第一代互联网）时期的"上网"、Web2.0（第二代互联网）时期的"社交"，Web3.0（第三代互联网）时期将溶解现实世界与网络世界的界限，以交互、沉浸、参与为偏向的智能化媒介技术将革新传播形态。上海要主动拥抱 Web3.0（第三代互联网）时代的智能科技，推动大数据、虚拟现实（VR）等新技术手段再造对外传播的内容、渠道和平台。在内容上，以大数据、VR/AR、语音模拟、人像识别等智能媒介技术为基础，打造对外传播场域中的独特效果。比如，应用最新语音转换技术，实现多语种的快速互译，有助于推动融媒体产品在海外快速落地。在渠道上，应用大数据、云计算等技术，推动实现精准化的渠道抵达。在平台上，日益依托大数据和超级算法建立的传播平台发挥着更大作用。例如，西安推出兵马俑卡通IP"阿俑"，结合元宇宙技术举办虚拟展览，并通过 NFT 数字藏品，将历史文化转化为可互动的数字资产，提升了国际传播亲和力。[1]在形式上，鼓励多样化传播形式探索。除短视频外，应重视直播等实时互动传播方式的巨大潜力。同时，还可结合播客、互动纪录片等新兴形式，将上海故事融入全球新媒介趋势中，激活国际传播新可能。

二、积极拓展对外传播前景

分众化、精准化是对外传播的全球趋势，新技术将为城市形象传播带来巨大的张力空间。首先，可利用大数据、媒体算法等技术生成更精准的海外用户画像，根据画像量身定做专属的对外传播方案。海外受众对传播内容、形式、渠道、平台的偏好更加多元化，优化有用性、适应性、思想性和精细化，制定精准化传播策略，避免"大水漫灌"，实现春风化雨、潜移默化影响受众。其次，可利用人工智能、物联网、5G 等新技术推动二次创新，占领对外传播的制高点。为此，

[1]《中国城市国际传播优秀案例各具特色》，《参考消息》2024 年 1 月 25 日。

要利用新技术开发创新型终端，助力主流媒体及其生产的优质内容落地。第三，可关注新技术的海外落地，找到传播内容的最佳技术载体。探索新技术应用的本土化新路，通过收购、并购及其他多种合作方式，把国外的一些成熟技术和自己的新技术对接，逐步建立以技术为支撑，研发、培训、就业、创业为一体的多功能基地，力求取得传播实效。

三、强化城市品牌的智能化呈现

智能化传播手段为城市品牌建设提供了全新的可能性。上海可以通过人工智能（AI）技术打造"虚拟数字大使"，在国际社交媒体和线上活动中推广城市文化、科技、旅游等内容，以拟人化形象拉近与海外受众的距离。同时，在旅游景点、博物馆等公共空间引入多语种智能导览系统，为国际游客提供实时语音讲解、路线规划和文化背景介绍。通过叠加增强现实（AR）技术再现历史场景，使传播更具互动性和沉浸感。此外，上海还可借助元宇宙技术打造线上虚拟文化展馆，将城市的艺术、历史、创新成果通过数字空间呈现，突破时间与空间的限制，为全球用户提供全天候的文化体验。例如，《中国企业报》以 H5 技术整合图文、视频等多媒体内容，结合全国"两会"热点议题生成互动海报，通过社交媒体定向推送至企业家、政策研究者等垂直用户，大大提升了专业内容的传播效率。[1]

---

[1]《拓展传媒产业链　打造融媒新生态——以中国企业报为例》，载天眼新闻，2025 年 3 月 19 日。

四、引导规避滥用新技术

人工智能（AI）、大数据、云计算、5G、物联网、区块链这些媒体界的"新宠"，其带来的新技术日新月异的飞速发展为对外传播提供了一片"蓝海"，契合了移动传播时代海外受众的接受习惯和喜好，具有广阔的成长空间。但是，新技术作为对外传播的助推器，也是一把"双刃剑"。为此，要规避以下问题：首先，新技术提升了对外传播的速度，扩展了对外传播的空间边界，但绝不能滥用。新技术是辅助、支撑，或是提供一种选择的可能性，而不是必选项，否则造成过度包装或复杂化，缺乏实质性内容。其次，与传统传播方式相比，新技术加大了对外传播的成本，必须综合考虑传播收益、效果和传播成本的效费比，实现对外传播的增值。如果不计代价地使用新技术，或者不加节制地"砸钱"来追求吸睛效果，可能会在一定时期或者一定范围内提升关注度，但却无法获得持续性的效果，造成传播的性价比不高，且不易于形成常态化机制。最后，要聚焦价值和理念传播，不要让新技术偏向的趣味性取代内容的深刻性。新技术带来的传播加持作用主要体现在产品的可分享性、互动性和趣味性等外在因素，而传播效果的决定性因素依然是内容品质，能否通过润物细无声的方式让海外用户接受传播内容依然是成功的关键因素。

第六节　强化国际传播效能监测

近年来，国际国内环境深刻变化，尤其是国际政治经济环境风云变幻，这对上海推进社会主义现代化国际大都市建设提出很大挑战。为此，上海需采取积极应对措施。

一、完善国际传播矩阵

按照国家构建全方位、立体化的大外宣格局要求，上海要主动协同各级主流媒体、国内出海自媒体等，打造国际传播矩阵，形成互相呼应、互有补充的传播链条。外宣旗舰媒体要设置对外传播重点议程，通过"名嘴""名视频""名专栏"等品牌，与主流媒体联动，形成强大的舆论声势。主流媒体要主动顺应个性化、分众化、垂直化的传播趋势，以贴近海外受众的表达方式及时澄清误解、消除负面舆论，向世界展现一个更加真实、生动的上海形象。

二、扶持精准监测舆情

应对国际舆论战，要善于抓住时机，在实践中显著提升精准溯源和敏捷响应的能力。要加强人工智能技术、追踪技术和数据库在意识形态防御领域的运用，构建高技术支撑的舆情实时监测、信息搜集、走向研判与引导机制。通过实时监测搜索引擎对华关键词、海外社交媒体重大消极言论及涉华报告，进行数据挖掘、关联量化和汇聚整合，快速掌握舆情走向。在此基础上，针对可能引发全球关注的负面事件，需在第一时间完成溯源工作，并采取灵活多样的响应措施，最大程度减少不利影响。

三、主动设置议程话题

媒体有国界，新闻有立场。西方长期把持国际话语权，擅长编造虚假信息。上海推进城市形象的国际传播，不能仅限于"你攻我守"的被动防御，还应在占据道义的舆论场中主动设置议题，用西方听得懂、有感觉的语言表达己方立场。要围绕进博会、世界人工智能大会等重要会议和活动，精心策划爆款融媒体产品，通过图片、短视频等"软性话语"，把上海踔厉奋发、勇毅前行的排头兵形象生动传递给国际受众。

四、支持创新传播手段

新技术在信息化时代的传播中至关重要。在全球范围内，以短小精悍、易于传播为特点的短视频已经成为各个年龄阶段的受众获取信息最主要的方式，如何让上海形象国际传播搭上短视频的"快车"，用更生动鲜活的方式讲述上海故事值得深入探索和挖掘。此外，人工智能技术突飞猛进的发展正在为国际传播带来全新的机遇：一方面，人工智能正在加速内容生产范式的全面转换和升级；另一方面，人工智能使信息传播方式由分众传播跃升为精准传播。同时，人工智能正在促进国际传播平台重新布局。[1]

在此背景下，上海应创新城市形象传播理念，利用短视频、人工智能等新媒介，挖掘城市文化符号及时代内涵，使城市形象的跨文化

---

[1]《人工智能与国际传播的机遇、挑战及路径选择》，载天眼新闻，2024 年 11 月 8 日。

传播同步内化为融入全球化进程的强大动力。为此，上海可以新媒体为突破口，建立完整的国际传播体系。利用丰富的传媒资源，提升上海所具有的国际信息沟通力和在全球传播体系中的影响力。同时，还应推动社会化媒体中的上海城市名人效应、建立上海城市网络公开课等新媒体城市宣传平台。利用社会化媒体中的名人效应，传播上海文化，增强国际社会对上海的认同感。

五、注重蔓延风险防范

移动传播时代，国际传播呈现国内外联动态势，国内重大社会事件更易成为世界焦点。上海在面对有损自身形象的突发性事件时，应做到快速反应。政府部门应及时公开处理结果，回应公众关切，尽早平息舆论。此外，应加强国际舆情风险防控机制建设，提升对突发性事件的预警、研判与应对能力，维护上海国际大都市的形象。

参考文献

1.《习近平谈治国理政》第 4 卷，外文出版社 2022 年版。

2.《习近平出席中国国际友好大会暨中国人民对外友好协会成立 60 周年纪念活动并发表重要讲话》，《人民日报》2014 年 5 月 16 日。

3.《习近平在上海考察时强调：深入学习贯彻党的十九届四中全会精神　提高社会主义现代化国际大都市治理能力和水平》，《人民日报》2019 年 11 月 4 日。

4.《习近平在世界经济论坛“达沃斯议程”对话会上的特别致辞》，载中国政府网，2021 年 1 月 25 日。

5.《习近平在中共中央政治局第三十次集体学习时强调：加强和改进国际传播工作　展示真实立体全面的中国》，《人民日报》2021 年 6 月 2 日。

6.《习近平在上海考察时强调：聚焦建设“五个中心”重要使命　加快建成社会主义现代化国际大都市》，《人民日报》2023 年 12 月 4 日。

7.《国家主席习近平发表二〇二五年新年贺词》，《人民日报》2025 年 1 月 1 日。

8.《“开明睿智才能进一步海纳百川”——“习近平在上海”系列报道之二》，载央广网，2017 年 9 月 27 日。

9.《中共中央关于进一步全面深化改革　推进中国式现代化的决定》,《人民日报》2024 年 7 月 22 日。

10.《十一届市委十一次全会决议》,《解放日报》2021 年 6 月 23 日。

11.《十二届市委三次全会决议》, 载上海市人民政府网, 2023 年 7 月 5 日。

12.《十二届市委四次全会决议》, 载上海市人民政府网, 2023 年 12 月 18 日。

13. 上海市人民政府新闻办公室、上海市统计局:《上海概览 2024》, 上海人民出版社 2024 年版。

14.《中共上海市委关于厚植城市精神　彰显城市品格　全面提升上海城市软实力的意见》,《文汇报》2021 年 6 月 28 日。

15. 上海市科学学研究所:《2024 长三角区域协同创新指数》, 载上海市科学技术委员会网, 2024 年 9 月 24 日。

16.《上海市公共图书馆条例》, 载上海市人民政府网, 2024 年 12 月 24 日。

17.《奋力谱写新时代人民城市建设新画卷》,《解放日报》2024 年 11 月 2 日。

18.《上海统计年鉴 2019》, 上海统计局, 2020 年。

19. 关世杰:《国际传播学》, 北京大学出版社 2004 年版。

20. 马庆国:《区域软实力的理论与实施》, 中国社会科学出版社 2007 年版。

21. 周振华:《全球城市——演化原理与上海 2050》, 上海人民出版社 2017 年版。

22. 陈玺撼：《上海市环境空气质量状况（2024 年 6 月及 1—6 月）》，载上海市人民政府网，2024 年 7 月 27 日。

23. 陈方刘：《运用中华文化提高国际话语权》，《人民论坛》2021 年第 29 期。

24. 程曼丽：《加快构建多渠道、立体式对外传播格局》，《人民日报》2024 年 11 月 22 日。

25. 储斌、杨建英：《"一带一路"视域下城市外交的动力、功能与机制》，《青海社会科学》2018 年第 3 期。

26. 方维规：《"跨文化"述解》，《文艺研究》2015 年第 9 期。

27. 郭可、索格飞：国际新闻传播课程思政的实践路径和理论反思，《中国新闻传播研究》2022 年第 1 期。

28. 黄发红、褚君、莽九晨、张矜若、禹丽敏、牛瑞飞、徐馨、谢亚宏、朱玥颖、尚凯元：《免签效应持续显现"中国游"更加火热》，《人民日报》2025 年 1 月 16 日。

29. 姜泓冰、黄晓慧、曹玲娟：《提升全球叙事能力，上海讲好中国故事》，《人民日报》2021 年 6 月 25 日。

30. 季丹：《以"价值共创"优化城市形象传播叙事体系》，《文汇报》2025 年 3 月 4 日。

31. 李亚娟、张永广：《江南文化的历史演进及其现实表达》，《上海文化》2022 年第 6 期。

32. 刘烨：《浅析对外传播中的新技术应用》，《对外传播》2019 年第 4 期。

33. 刘金波：《超大城市国际传播能力建设研究》，《新闻与传播评论》2022 年第 6 期。

34. 李韶驰、程文丽：《基于灰色系统理论的澳门城市软实力评价研究——以大珠三角城市为比较》，《城市观察》2015 年第 5 期。

35. 李欣颖、丁超逸：《构建更有效力的国际传播体系：挑战与机遇》，《对外传播》2024 年第 12 期。

36. 刘霄泉：《面向世界级旅游城市建设的人才需求、挑战与培养路径——以桂林为例》，《社会科学家》2024 年第 11 期。

37. 卢垚、范洁：《发挥上海龙头作用，提升长三角城市群国际传播影响力》，载新民网，2024 年 9 月 29 日。

38. 马晨娇：《城市形象设计与传播研究——以武汉市为例》，《资源开发与市场》2020 年第 10 期。

39. 戚颖璞：《今年"15 分钟社区生活圈"行动方案发布　上海将新建改建逾百个"人民坊"》，载上海市人民政府网，2024 年 4 月 3 日。

40. 漆亚林：《中国国家形象建构的历史进路与路径选择》，《人民论坛·学术前沿》2024 年 12 月（下）。

41. 沈传新：《关于城市外交功能性内涵的若干思考》，《国际公关》2022 年第 1 期。

42. 史安斌、盛阳：《从"跨"到"转"：新全球化时代传播研究的理论再造与路径重构》，《当代传播》2020 年第 1 期。

43. 宋杰、侯隽：《直击进博会　让世界共享中国机遇》，《中国经济周刊》2024 年 11 月 15 日。

44. 谭震：《城市形象与国家形象建构的关系及功能研究——基于近三年对外传播优秀城市案例的分析》，《国际传播》2021 年第 3 期。

45. 铁钟、夏翠娟、沈洁：《城市影像资源的数字记忆重建——"上海之源·文化地标"互动数字叙事设计实践》，《图书馆论坛》2024 年第 44 期。

46. 王闲乐、周程祎、顾杰：《当好高水平改革开放的开路先锋》，《解放日报》2023 年 7 月 5 日。

47. 王明：《重庆城市形象传播研究》，重庆工商大学博士学位论文 2011 年。

48. 汪泓、徐钰慧：《浦江游览全面融入"世界会客厅"建设的思考与建议》，《中国港口》2021 年第 9 期。

49. 吴立群：《"追求卓越"——城市精神和上海的发展》，《贵阳学院学报》（社会科学版）2016 年第 11 期。

50. 巫锐、袁宏宇、杨静：《跨文化能力框架与培养路径——以联合国教科文组织为例》，《世界教育信息》2024 年第 3 期。

51. 邬林桦：《上海去年出入境人次增长 85% 免签入境外籍人员数量达 167 万人次》，载上海市人民政府网，2025 年 1 月 2 日。

52. 吴瑛、郭可、陈沛芹、吴秀娟：《全球媒体对上海国际大都市的形象建构研究》，《国际展望》2016 年第 8 卷第 4 期。

53. 谢福山：《新媒体环境下上海城市品牌形象传播研究》，《新媒体研究》2018 年第 4 期。

54. 谢春涛：《人民城市建设的根本保证》，载求是网，2024 年 11 月 14 日。

55. 许晓青、吴霞：上海：《到 2035 年全面建成具有国际影响力的文化创意产业中心》，载中华人民共和国中央人民政府网，2017 年 12 月 15 日。

56. 杨寄荣：《社会主义核心价值观视阈下的海派文化传承》，《上海理工大学学报》（社会科学版）2019 年第 41 卷第 1 期。

57. 袁林、石鉴、刘嘉：《形象塑造与城市认同：中国城市国际形象发展特征与策略研究》，《对外传播》2024 年第 9 期。

58. 于文超：《中美报道中重庆城市形象的框架分析——以〈人民日报〉（海外版）和〈纽约时报〉的报道为例》，重庆大学博士学位论文 2018 年。

59. 于宏源：《城市外交和上海参与"一带一路"的高端定位》，《上海城市管理》2017 年第 4 期。

60. 郁树甲：《试论上海城市品牌的形象定位与传播》，上海华东师范大学博士学位论文 2013 年。

61. 曾诗阳：《免签政策红利充分释放》，《经济日报》2025 年 1 月 11 日。

62. 赵辉辉：《向世界展示新时代的中国形象》，《光明日报》2021 年 9 月 14 日。

63. 赵战花、黄方毅：《新媒体背景下城市形象研究的现状、热点与趋势——基于 CiteSpace 的文献计量分析》，《南宁师范大学学报》（哲学社会科学版）2020 年第 5 期。

64. 张红玲、吴诗沁：《外语教育中的跨文化能力教学参考框架研制》，《外语界》2022 年第 5 期。

65. 张涛甫：《上报集团"三端合一"：探索主流媒体系统变革的新坐标》，载上观新闻网，2025 年 1 月 16 日。

66. 张恒军：《城市中国：人类文明新形态对外传播的重要场域》，《新闻采编》2024 年第 2 期。

67. 张天弛：《2024 年上海接待入境游客超 600 万人次》，载上观新闻网，2024 年 12 月 31 日。

68. 张永广：《打造文明交流互鉴典范城市》，载上海社会科学院，2024 年 9 月 30 日。

69. 章钊铭：《新时代"人民城市"理念研究述论》，《经济与社会发展》2021 年第 19 期。

70. 周艺南、李保炜：《人民城市理念下的城市更新实施机制创新——以京张铁路遗址公园为例》，《城市发展研究》2024 年第 7 期。

71. 周样波：《打开地方媒体向世界展示中国形象的窗口——上海松江区融媒体中心国际传播创新实践与探索》，《中国地市报人》2024 年第 7 期。

72. 庄恩平、张珊珊、虞怡达：《欧洲跨文化城市战略实践与启示》，时事出版社 2014 年版。

73.《中国城市国际传播优秀案例各具特色》，《参考消息》2024 年 1 月 25 日。

74.《拓展传媒产业链　打造融媒新生态——以中国企业报为例》，载天眼新闻，2025 年 3 月 19 日。

75.《融合视阈下主流媒体城市形象传播的新路径》，载人民网，2021 年 10 月 1 日。

76.《推动多元主体在城市更新行动中共建共治共享》，载天眼新闻，2024 年 12 月 12 日。

77.《"上海西岸"：崛起中的跨文化交流新空间》，载新华网，2017 年 7 月 15 日。

78.《上海外国人才集聚度持续居中国首位》，载中国新闻网，2024 年 5 月 18 日。

79.《创新国际传播，打造全球叙事体系上海范本》，载澎湃新闻，2023 年 3 月 1 日。

80. 倪虹：《牢固树立和践行人民城市理念　奋力推动城市高质量发展》，载澎湃新闻，2024 年 11 月 14 日。

81.《深化高水平改革开放　推动高质量发展》，《劳动报》2023 年 7 月 5 日。

82.《文化多样性与都市竞争力——国际化语境中的上海文化发展战略研究》，《科学发展》2012 年第 1 期。

83.《人工智能与国际传播的机遇、挑战及路径选择》，载天眼新闻，2024 年 11 月 8 日。

84.《坚定打响主流媒体系统性变革攻坚战》，载上观新闻网，2025 年 2 月 11 日。

85.《2024 年上海广电媒体融合创新实践成果分享会成功举办》，载上海市人民政府网，2024 年 12 月 18 日。

86.《为企业出海提供"静安服务"，"全球服务商计划"推进大会在沪举行》，载上海市人民政府网，2024 年 11 月 26 日。

87.［法］阿芒·马特拉：《世界传播与文化霸权》，陈卫星译，中央编译出版社 2005 年版。

88.［英］达雅·屠苏：《国际传播——延续与变革》，董关鹏译，新华出版社 2004 年版。

89.［美］刘易斯·芒福德：《城市发展史：起源、演变和前景》，中国建筑工业出版社 2005 年版。

90. Arjun Appadurai, *Modernity at Large: Cultural Dimensions in Globalization*, University of Minnesota Press.

91. Boulding, K. E., National images and international systems, *Journal of Conflict Resolution*, 3.

92. Berry, J. W., Acculturation: Living successfully in two cultures. *International Journal of Intercultural Relations*, 29, 697–712.

93. Bloemraad, I., & Wright, M., "Utter failure" or unity amid diversity? Debating and evaluating policies of multiculturalism. *Journal of Ethnic and Migration Studies*, 40(9), 1379–1398.

94. Croucher, S. M., & Kramer, E., Cultural Fusion Theory: An Alternative to Acculturation, *Journal of International and Intercultural Communication*, 2.

95. Earley, P. C., & Ang, S., *Cultural Intelligence: Individual Interactions across Cultures*, Stanford: Stanford University Press.

96. Hammer, M. R., Benett, M. J., & Wiseman, R., Measuring Intercultural Sensitivity: The Intercultural Development Inventory, in R. M. Paige (Ed.), *Special Issue on the Intercultural Development*, *International Journal of Intercultural Relations*, 4.

97. Kevin Lynch, *The Image of The city*, The MIT Press.

98. Kim, Y. Y., Finding a "home" beyond culture: The emergence of intercultural personhood in the globalizing world, *International Journal of Intercultural Relations*, 46 , 3–12.

99. Nye J. S., *Soft Power:The Means to Success in World Politics*. New York: Public Affairs.

100. Olzmann, J. A., Diversity through equity and inclusion: The responsibility belongs to all of us, *Molecular Biology of the Cell*, 9.

101. Sartori, G., Concept Misformation in Comparative Politics, *American Political Science Review*, 64(4), 1033–1053.

102. Thomas, D. C., Domain and Development of Cultural Intelligence, *Group & Organization Management*, 1.

附录：国际大都市跨文化融合案例

一、巴黎多元文化建设

（一）城市特征

　　巴黎是法国的首都和最大城市，欧洲第二大城市，位于法国北部，是法国政治、经济、文化和商业中心。巴黎被全球化与世界城市研究网络（Globalization and World Cities Study Group and Network，简称 GaWC）评为 Alpha+ 级世界一线城市，在品牌价值评估机构 Gybrand 编制的 2022 年度《世界城市 500 强》中排名第 4，也是欧洲最具吸引力的三座大都会之一。广义的巴黎有小巴黎和大巴黎之分。小巴黎指大环城公路以内的巴黎城市内，面积 105.4 平方公里，含 20 个区，人口 209 万（2024 年统计数据），是法国人口最多也最为稠密的城市；大巴黎包括城区周围的上塞纳省、瓦勒德马恩省、塞纳-圣但尼省、伊夫林省、瓦勒德瓦兹省、塞纳-马恩省和埃松省七个省，共同组成巴黎大区，是法国地理上最小的地区之一，仅占全国总面积的 2%，但是巴黎大区人口近 1240 万，占法国人口的 18.2%，是欧洲人口最多的城市地区之一。巴黎是载誉全球的国际化大都会，巴黎的历史同时也是一部持续不断的移民史，巴黎大区接纳了 40% 在法外籍人口，436000 名移民，每年吸引着来自世界各地超过 30 万名外国人前来居住，在此学习、工作或者建立家庭，使巴黎成为一个奇妙的多元文化熔炉。

巴黎拥有全球最多、最著名的地标级建筑，有 150 多家博物馆和著名景点，包括凡尔赛宫、卢浮宫、巴黎圣母院、埃菲尔铁塔和凯旋门等世界级旅游景点。巴黎是美食之都、艺术创作重镇、创新中心。巴黎丰富多样，创新包容，引人向往，拥有独特的城市基因。巴黎以其古迹、艺术和文化生活及历史而闻名于世。它是法国文化的象征，其博物馆和活动每年吸引超过 3000 万名游客。巴黎也是世界时尚和奢侈品之都。巴黎还积极参与全球事务，联合国教科文组织（UNESCO）、经济合作与发展组织（OECD）等国际组织和机构总部均设在巴黎。2018 年，巴黎大区有史以来首次接待超过 2300 万名游客，被评为世界上最友好的城市。巴黎还是世界贸易展览会和会议之都（世界会议活动中 5% 都在巴黎举办），接待过许多外国代表，成为国事访问、城际会议、文化和体育赛事交流的一部分。巴黎在剧院和歌剧方面也提供了大量选择，并且拥有数量众多的电影院。2024 年，巴黎第三次举办夏季奥林匹克运动会和残奥会，吸引了全球人民的关注。

（二）经济发展

巴黎是全球经济的主要参与者之一，GDP 排名欧洲第 2，世界第 6，仅次于东京、纽约、洛杉矶、伦敦和首尔。[1] 巴黎是欧洲最富有的地区之一，贡献了法国国内生产总值的 28.6%。巴黎地区因其高度多样化的经济格局而在世界主要城市中独树一帜。近年来，巴黎高速发展的新兴领域包括生物技术、纳米技术、无线服务、3D 动画，同时，航空航天和汽车行业等传统领域依然蓬勃发展。近年来，巴黎还

---

[1]　Ranked: The World's Richest Cities, 2024, CEOWORLD Magazine, April 4, 2024.

兴起了一个全新的行业：电竞业。巴黎位列全球电竞之都第三名，电子竞技产业非常发达，举办过许多国际知名电竞游戏的重要决赛，有许多专门从事电竞的工作者。

巴黎是法国许多总部的所在地（38% 的公司总部、70% 的保险公司总部和96% 的银行总部），平均薪资水平比法国其他地区高10%—15%。[1] 在过去的十年中，巴黎的经济保持不断增长的势头（2024 年 GDP 达到 7830 亿欧元）。[2] 巴黎经济主要依靠其服务行业，巴黎大多数就业人口从事制造业或金融、商业服务和创意产业等可交易的服务业，从事服务行业的人口占该地区就业人口的 83% 以上，工业只占 15.9%，但由于该地区的工人数量较多，巴黎仍然是法国工业的第一大区，拥有约 84.7 万名工人。[3] 巴黎具有巨大的生产力，处于吸引企业、人员和资源的有利地位。巴黎人口的失业率为 6.6%。该地区还为老年人、残疾人、失业者等有需要的人提供财政和物质支持。

巴黎身为"浪漫之都"，每年吸引着数千万来自全球各地的游客，他们的消费是服务业最主要的经济来源。据法国《回声报》（Les Echos）报道，[4] 2022 年 11 月 14 日，巴黎股市上市公司总市值首次超过伦敦股市。巴黎证券交易所成为欧洲最大市值的交易所，这反映了法国大企业在股市上展现出的活力，尤其是奢侈品行业，它是法国

---

［1］　Regions of France https://www.regions-of-france.com/regions/paris_ile_de_france.

［2］　　L'institut Paris Region.

［3］　Paris Ile-de-France Economy https://www.regions-of-france.com/regions/paris_ile_de_france/economy.

［4］　https://www.lesechos.fr/finance-marches/marches-financiers/paris-ravit-a-londres-la-place-de-premiere-bourse-europeenne-1878797.

股指 CAC 40 指数的主要驱动力，巴黎股市的崛起在很大程度上都归功于其奢侈品行业巨头。开云集团（Kering）、爱马仕（Hermès）、欧莱雅（L'Oréal），尤其是路威酩轩集团（LVMH），是近年来巴黎证券交易所股市上涨的主要推动力。

（三）文化政策

几个世纪以来，巴黎一直被认为是西方世界的主要文化中心，是吸引艺术家和知识分子的地方，是新思想的发源地和艺术至上的地方。尤其是在 20 世纪早期，巴黎受到众多外籍作家和艺术家的青睐，包括来自美国的海明威、来自爱尔兰的詹姆斯·乔伊斯、来自西班牙的毕加索和来自意大利的阿梅德奥·莫迪里阿尼。时至今日，巴黎的文化生活仍然非常活跃和独特。巴黎人喜欢新奇的事物，有丰富的求知欲，知道如何把最简单的文化活动装点得光彩照人，并且是艺术的狂热支持者，巴黎的剧院、音乐厅、博物馆、艺术画廊和艺术电影院总是人头攒动。

法国素有文化大国情节，作为法国的文化中心，巴黎非常注重其在文化传播方面的实践。不同于美式消费主义的大众文化传播，巴黎着力发展"高级文化"（high culture），以直接影响那些决定当下和未来发展的精英阶层，从而使法国文化能够自上而下在全球范围内得到传播。同时，巴黎坚持"文化例外"（culture exception）和"文化多样性"（culture diversity）的价值主张，[1] 在抵制美式商业文化入侵的同时，维护本民族文化身份，并且推广世界多元文化，促进不同文化交流对话。

1959 年，法国设立了文化事务部，成为第五共和国的一大特

---

[1] 冯若谷、刘心怡：《法国对外传播的历史经验与借鉴意义》，《对外传播》2022 年第 1 期。

点。赋予了文化事务部行政自主权，标志着文化公共政策和管理艺术与文化部门的常设部级机构的建立。巴黎文化事务部的工作主题主要是遗产、创造和教育。在遗产保护方面，巴黎着力提升和维护城市遗产，保留巴黎记忆。文化事务部联合巴黎建筑历史与考古部门（Département de l'Histoire de l'Architecture et de l'Archéologie de Paris，简称 DHAAP）保护古老市政遗产，从巴黎建筑与遗产保护角度对开发工作进行考古检测并对拆除项目进行评估。同时，DHAAP 还拥有巴黎建筑遗产文献收藏考古档案，不断丰富其电子藏品，进行电子化收藏。巴黎市有 12 个市政博物馆（包括艺术和历史博物馆、艺术家工作室和文学博物馆），其永久藏品的展览对所有人免费开放，国立博物馆每月首个周日免费开放，使巴黎市民能够近距离接触文化遗产。巴黎市政政策致力于丰富和展示藏品、扩大公众圈层，此外，还提供大量的文化和教育活动（巡回演讲、研讨会等），并致力于博物馆藏品电子化工作。

在创造创新方面，巴黎支持创作和文化传播。巴黎集中了法国"艺术人口"的主要部分：超过三分之一的视觉艺术家和演员居住在巴黎，艺术和文化活动在巴黎十分密集。同时，巴黎还有大量对文化艺术感兴趣的公众和在建立声誉方面有决定性作用的全国性媒体，助推巴黎展现其真正的艺术活力。除了公共文化设施，巴黎还有 600 个艺术画廊，200 个剧院，130 个音乐厅。[1]同时，在这种丰富而充实的文化氛围下，考虑到文化部门在经济方面的脆弱性，巴黎实行了对所有娱乐和创作领域的场所进行补贴的政策，并将作品在市政厅、学

---

[1]《巴黎市文化政策》，2019 年 5 月 18 日。

校、图书馆等公共空间展示，以便让公众了解文艺领域的最新动态。

在教育方面，巴黎致力于促进艺术教育和文化实践的发展。巴黎注重艺术领域的教育，向大量艺术协会提供财政支持，有 17 个市级艺术学院（conservatoires municipaux d'arrondissement，简称 CMA）和一个地区艺术学院（conservatoire à rayonnement régional，简称 CRR），前者负责入门培训，后者负责高等教育和艺术课程。巴黎还创建了业余艺术实践协会（Maison des Pratiques Artistiques Amateurs），为公众提供艺术教育和业余实践资源。巴黎注重发展公共阅读图书馆，巴黎市立图书馆全年均组织面向公众的免费活动，包括见面会、故事会、展览、音乐会、读书会等。巴黎图书馆正成为一个生活、聚会、学习、进行文化实践、阅读新闻、访问互联网、交流和分享的地方。巴黎有 10 个专业图书馆和 57 个普通借阅图书馆。图书馆用户占巴黎人口的 15%，每年借阅 1100 万件书籍印刷品等。巴黎正着力于将藏品、图书等资料进行数字化保存与传播，并丰富专业图书馆的在线目录，巴黎博物馆与遗产图书馆藏品可通过 paris.fr 网站查阅。

法国十分重视儿童的艺术培养，从 2009 年开始实施 "L'art Pour Grandir" 项目。为了让孩子们有更多的机会参与文化艺术活动，孩子们能够免费参观各大博物馆和各种展览。在 "L'Art pour grandir" 计划下，巴黎有四所日托开展艺术家驻地计划，即接待艺术家们入驻日托，为孩子们带来音乐、舞蹈、戏剧等艺术类启蒙与体验。这一计划为托儿所里的幼儿提供了接触文化艺术的途径，有助于培养他们对文化艺术的好奇心。

参照联合国教科文组织 2005 年 10 月 20 日发布的《保护和促进文化表现形式多样性公约》，2015 年 8 月 7 日，法国颁布了关于共和国新领土组织的法律（La loi du 7 août 2015 portant nouvelle organisation territoriale de la République，简称 NOTRe 法）；2016 年 7 月 7 日，颁布了关于创作、建筑和遗产自由的法律（la loi du 7 juillet 2016 relative à la liberté de création, à l'architecture et au patrimoine，简称 LCAP 法），在其中引入了"文化权利"的概念，提出文化权利是人权的一个组成部分。让·皮埃尔·萨伊兹指出："这两部规定文化权利的法律是宝贵的工具，使我们在面对文化威胁时不至于放松警惕，并继续探索新的途径，扩大居民对艺术和文化生活的参与，无论是获取更多文化产品，还是表达自己声音的可能性。"[1]

（四）跨文化教育

巴黎的跨文化教育始于 20 世纪 70 年代，在此之前一直采取同化主义方法，以确保更强的社会凝聚力和建立统一的国家。在 20 世纪 90 年代之前，法语词典中没有"跨文化"（intercultural）和"多元文化"（multicultural）这两个词，其含义存在争议。从 20 世纪 70 年代开始，随着来自欧洲和非洲的外国学生涌入巴黎，巴黎学校对移民的同化主义策略开始被融合所取代。学校对法国学生和外国学生进行区分，为外籍学生在小学开设"综合班"（integration classes，简称 CLIN）和"综合补习班"（integrated catch-up classes，简称 CRI），在中学开设"适应班"（adaptation classes，简称 CLAD），以便使外国学生尽快掌握法语和融入社会。1975 年，法国设立移民子女教育培训

---

［1］ J. -P. Saez, "Les dessous des droits culturels", in "Droits culturels: controverses et horizons d'action", L'Observatoire, 2017, n° 49.

和信息中心（Centres de formation et d'information pour la scolarisation des enfants de migrants，简称 CEFISEM），帮助移民学生掌握法语融入社会。

目前，巴黎多所高校都开展了跨文化和相关的教育。巴黎跨文化管理与传播学院（Institut supérieur d'interprétation et de traduction，简称 ISIT），开设笔译及跨文化传播、跨文化管理、国际关系与多语种传播、跨文化数字设计等本科及研究生专业。巴黎三大（新索邦大学）开设了跨文化交际硕士项目，同时，巴黎三大、巴黎四大（索邦大学）和巴黎七大等巴黎著名高等院校都设立了法语对外教育（Français Langue Étrangère，简称 FLE）专业。

（五）社会服务

巴黎的常住居民是巴黎市政服务关注的重心。在妇幼保健、儿童入学、青年就业、老年人养老等市民生活的各方面都提供了完善的保障服务。

巴黎为市民提供积极互助收入津贴（RSA-Le revenu de solidarité active）代替针对失业人员的最低生活保障金和单亲家庭失业者福利金，为无收入人员重新工作提供财政激励，为收入有限者提供补充性收入。巴黎的就业融入中心负责审查 RSA 请求，并接待所有社会服务处的匿名受益者，同时陪伴要申请或者已领取 RSA 的人员，以便更好地帮助他们的融入社会并就业。巴黎还设有工会，工会通过谈判、罢工和游行等方式保障劳动者的社会、经济和职业权利和利益，保障雇员的利益。雇员与雇主发生争端时，可以寻求工会的帮助。

巴黎为市民提供了完善的社会互助服务，巴黎设有社会接待常驻机构（PSA）服务于无家可归者，社会融入互助中心（ESI）提供卫生保健、获得护理和社会陪同等服务，115 热线为因紧急情况流浪街头的市民提供每周七天 24 小时服务，可为其预定留宿床位。此外，巴黎设有五家互助餐厅（Les restaurants solidaires），为贫苦市民（收入微薄的家庭、无家可归的个人）提供质量可靠的餐食，还有爱心餐厅（Les Restos du Cœur）在配送中心或卡车上提供食品援助，使受惠人可以每天吃到一份全餐。

巴黎关注老年人口的生活保障，在巴黎大区各处设有巴黎地方信息和协调中心（CLIC），专为老年人、老年家庭和亲友服务，提供关于养老、服务、补助金等问题的资讯服务。它们同时也负责评估老年人的需求，并实施一项配备有医疗、社会、协会等专业人员的陪护计划。该市同时设有巴黎社会行动中心（CASVP），提供巴黎住房补助（Paris logement），帮助老年人减少住宅花费；巴黎地区社会保障（Paris Solidarité）使其获得额外补助；补充健康保险（complément santé Paris）为其缴纳一部分医疗互助保险；同时提供 Émeraude 卡和 Améthyste 卡，以节省其公共交通费用；并通过家政支持补助金为老年人日常生活提供家政服务、自动电话报警器、送餐上门、修足、理发等服务。同时，巴黎设有社会咖啡馆（Les Cafés Sociaux），社会工作者和志愿者在此接待老年人，尤其是老年移民，聆听他们的倾诉并在日常生活的各项活动中帮助他们。巴黎还为需要帮助的老年人提供老人丧失自理能力补助金（APA-L'allocation Personnalisée d'Autonomie）、法定社会援助金（ASL-L'aide sociale légale）、巴黎家政服务卡（Paris à domicile）、巴黎老年住房补助（Paris Logement Seniors）、老人丧失自理能力补助金（APA-L'Allocation Personnalisée d'autonomie）等。

　　巴黎致力于保障残障人士的生活，设有巴黎残疾人之家（MDPH-Maison départementale des personnes handicapées de Paris），在进行残疾劳动者资格鉴定（R.Q.T.H-Reconnaissance de la qualité de travailleur handicapé）、教育、申领残疾人证等过程中为其提供帮助，并提供伤残补助（PCH-Préstation de compensation du handicap）、残疾儿童教育补助（AEEH-Allocation d'éducation de l'enfant handicapé）。此外，巴黎有 22 所图书馆为老年人和残障人士提供送书上门的免费服务，有 4 所"听力障碍者小站"（Pôles sourds）图书馆接待失聪者和听力障碍者。很多图书馆提供超大字体书籍和有声书籍；2 所图书馆设有专门为视觉障碍者提供方便的场所。

　　巴黎还为市民提供免费、匿名且保密的法律咨询服务，设有司法法律之家（MJD-Les Maisons de Justice et du Droit）、法律咨询便民点（PAD-Les Points d'Accès au Droit）、法律咨询中继站（Les Relais d'acces au Droit），同时巴黎律师工会在各区区政府设有值班室，提供免费法律咨询。

（六）国际传媒

　　法国多家媒体机构总部均设在巴黎。在海外销量最大的报刊《世界报》（le monde）、法国国内发行量最大的报纸《费加罗报》（le figaro）、《队报》（l'équipe）、《回声报》（les echos）、《解放报》（Libération）、《十字架报》（La Croix）、《人道报》（L'Humanité）等法国主流媒体总部均设在巴黎。法国新闻社（Agence France-Press）于 1835 年在巴黎成立，简称法新社（AFP），前身哈瓦斯社，是全球第一家通讯社，是世界四大通讯社之一，也是继美联社和路透社之后世界第三大通讯社。目前该通信社的总部设在巴黎，在约110个国家设有办事处，通过法语、英语、阿拉伯语、西班牙语、德语、葡萄牙语和俄语24小时不断向全世界提供快速、准确的视频、文字、图片新闻资料，及时报道战争和冲突、政治、体育、娱乐、健康等领域新闻以及科学和技术的最新突破。在国外有260多家分社，约2400名员工，辐射151个国家，向全球约7000家报纸、2500家电台和400家电视台供稿。[1] TF1、法国电视台、Canal+、Mediawan、Newen、JLA集团、Tetra媒体工作室、联邦娱乐等法国主要电视广播公司和制作公司也将总部设在巴黎。

法国国际电视台建立于1989年，用通信卫星向80多个国家转播法语和英语节目，其中法德文化台（France & Ocirc）主要播放高品位的文化节目，在欧洲拥有很高的收视率。此外，法国的国际电视台还有法国24电视台（France 24），是一家提供国际新闻时事的电视台，总部位于法国巴黎市郊伊西-雷-穆里诺。法国前总统希拉克为了捍卫法语在世界上的地位，对抗英语在世界的主导地位，以1.1亿美元预算和170名记者于2006年12月6日设立该台，法国24电视台拥有英语、法语、阿拉伯语三个频道。该台的口号是：超越新闻（Beyond the News）。法国前总统萨科奇在2008年1月8日曾表示，他希望法国24台仅用法语播出。CEO阿兰·德·普齐拉克（Alain de Pouzilhac）在接受BBC采访时说："我们的做法与美国不同。华

---

[1]　法国国家概况，载中华人民共和国外交部网。

盛顿试图向人们展现，世界是统一的；而我们将证明，世界是多样的，有各式各样的文化、宗教和观点。"法国报界在当时即给 France 24 取了"法式 CNN"（CNN à la francaise）的别名。在 France 24 的网站上，则将其使命定义为：用法国视角报道国际时事，并向世界传播法国价值观。法国 24 电视台与法国国际广播电台同属法国国际广播集团。法国 24 电视台与法国国际广播电台网站风格相近，部分法国国际广播电台工作人员也兼任法国 24 电视台的工作人员。如今，已有来自 35 个国家的 260 名记者工作于 France 24，每一名记者都必须同时会法语和另一门语言，并在入职时要签署一份职业守则，承诺推动观点和意见的多样化，倡导辩论、对抗与反驳，展现法国式的文化和生活艺术。对新媒体的运用被明确定位在中心地位，其愿景之一就是把 France 24 打造为世界领先的国际新闻站点。此外，为加强对外宣传，国家广播公司专设独立的法国国际电台 RFI，用包括法语在内的 13 种语言全天对外广播，覆盖范围几乎遍及全球。

1895 年 12 月 28 日，卢米埃尔兄弟拍摄的一部短片在巴黎进行了首次商业性公开放映。从那时起，巴黎地区就成为电影的发源地，Gaumont（高蒙）、Pathé（百代）、UGC、MK2 等主要电影公司至今仍在运营。如今在法国拍摄的所有电影中 50% 是在巴黎拍摄的。该地区以其创造力、技术专业知识和才华横溢的行业专业人士而闻名于世。[1] 同时，继乔治·梅里爱（Georges Méliès）首次推广特效之后，动画和视觉特效也成为巴黎影视从业者擅长的两个领域。视听行业在巴黎大区创造了近 15 万个工作岗位。熟练的人才和训练有素的工作

---

[1] https://www.chooseparisregion.org/industries/audiovisual-new-media.

人员每年为法国制作 250 部专题片和超过 4800 小时的电视节目。

（七）生态环境

巴黎是欧洲绿化程度最高、最宜居的城市之一，从很早就参与了应对气候变化的斗争，在应对气候变化、空气质量和可持续发展方面处于领先地位。它支持和动员世界各地的主要城市和大都市的网络，以实现联合国建议的可持续发展目标。早在 2007 年，巴黎市就通过了一项雄心勃勃的气候计划，该计划已转化为多个领域的庞大行动计划：交通、住房、城市规划、资源和废物管理、食品等。在国际层面，在 2015 年第 21 届缔约方会议期间组织了地方民选官员气候峰会后，巴黎市一直在"城市气候领导小组"（C40）的领导下行动。城市气候领导小组是一个致力于气候问题的城市网络，创建于 2005 年，由 90 个世界上最大的城市组成，目标是执行 COP21 通过的《巴黎协定》，并将全球温度上升限制在 1.5℃。在 C40 的优先事项中，有两项计划直接受到巴黎的启发："重塑城市"，呼吁在 C40 城市的规模上开展创新的城市规划项目；"数字城市"，推动 C40 城市中最好的初创企业能够利用数字化来改善城市的生活质量。

巴黎市长以承诺让巴黎 100% 的地区可骑自行车而闻名，并将应对气候变化列为其首要任务，被广泛认为是绿色欧洲首都城市的积极倡导者。近年来，巴黎为减少市区车流量，在塞纳河畔的一条道路上禁止汽车通行。为了 2024 年夏季奥运会的成功举办，改善巴黎交通环境，巴黎实施了汽车限速 30 km/h 的政策，以鼓励市民多采用步行、骑自行车或使用公共交通工具出行。

目前，打造"城市森林"的绿色计划也正在积极推进中。巴黎市长承诺，到 2026 年，政府将在首都各地种植超过 17 万棵树木，到 2030 年，巴黎市 50% 的地区将被树木覆盖。为了实现这一目标，巴黎放宽了建筑法规，使巴黎各大社区种植树木变得更加容易。在 2024 年夏季奥运会之前，埃菲尔铁塔周围地区打造成了一个"非凡的公园"；巴黎最大的广场——协和广场种植了很多植物，成为了新的公园区；塞纳-圣但尼的郊区也被建成新的生态友好型奥运村，变身媒体城和奥林匹克水上中心。

从大规模的汽车限速禁令到建造广阔的城市森林，巴黎计划到 2030 年成为欧洲最环保的城市。[1] 巴黎市长非常重视绿色政策的落实，自上任以来，整个城市建立了大约 900 英里的自行车道，主要集中在塞纳河周边，很多道路已经完全禁止汽车通行。著名的马德琳广场、国家广场和巴士底狱广场的周边已被重新设计，为行人提供更多便利。从 2024 年起，所有柴油车都将被禁止进入巴黎市，到 2030 年，汽油车也将被禁止进入。

在城市基础建设上，巴黎有一个更宏大的目标：改变两百万居民的出行方式，重点是减少汽车使用量，鼓励步行和公共交通出行。2020 年，巴黎市长把建设"15 分钟城市"（Le Paris du 1/4 Heure）纳入连任竞选宣言，提出为了提高生活质量，要创造一个让居民的一切生活需求——无论是工作、购物、健康还是文化需求都能在 15 分钟内步行或骑自行车可以得到满足的城市。巴黎市索邦大学的教授，也是"15 分钟城市"概念主要支持者之一的卡洛斯·莫雷诺指出："我们在思考更高效健康的生活模式，以不同的方式建立新的城市生活中心。"

---

[1] https://www.timeout.com/paris/en/things-to-do/paris-green-sustainable-city-plan-2030.

（八）发展规划

大巴黎都市发展委员会（Conseil de développement de la Métropole du Grand Paris，简称 CoDev）由来自民间的志愿者组成，为巴黎公共政策提供具有前瞻性的建议。该机构成员已就巴黎发展提出如下建议：在经济方面，由于各种原因，巴黎正在失去不久前还是其强项的工业结构，专注于第三产业会使巴黎更加依赖世界贸易，并因此失去自主权和影响力。因此该机构成员建议成立"城市制造"（Fabriquer en ville）工作组，提供专业知识，制作相关节目，采访有关领域专家，使民众支持并促进工业复兴。在生态方面，委员会建议发展城市农业项目，在废弃建筑物与屋顶建设共享花园，鼓励企业和社区将部分空间建成果园，加强教育机构的相关教育，组织自然探索活动，鼓励年轻人在自然环境中而不是在体育馆中进行运动。委员会还建议在巴黎建立智慧城市（les centres-villes d'intelligence），通过数字化技术简化日常生活程序，实现资源共享。委员会建议推广数字技术、鼓励数字服务、倡导自动驾驶。

二、汉堡多元文化建设

（一）城市特征

汉堡汉萨自由市（德语：Freie und Hansestadt Hamburg），简称汉堡，是德国仅次于柏林的第二大城市，也是欧盟的第七大城市，被誉为"德国通往世界的大门"。在行政层面，汉堡是德国三大州级市（Stadtstaat）之一［另外两座城市为：不来梅（Bremen）和柏林（Berlin）］，拥有相当大的政策制定自主权。该市地处欧洲的中心，其本身又是港口城市，因此对德国及欧洲意义重大。汉堡位于易北河岸（die Elbe），陆地面积占比 92%，水域面积为 8%。汉堡港（Der Hamburger Hafen）是世界上最大的转运港之一。凭借着该港和汉堡国际机场（Flughafen Hamburg-Fuhlsbüttel）的联动优势，汉堡成为世界物流格局中的一个极其重要的节点。1996 年至今，汉堡还是国际海洋法法庭（ISGH）所在地。根据汉堡及石勒苏益格-赫尔斯泰因州地区统计局（Statistisches Amt für Hamburg und Schlewig-Holstein）的相关数据，截至 2023 年 12 月 31 日，汉堡地区居民人数约 191 万，[1] 其中外国人人数约 40.3 万（占总人口的 16.76%），占总人口的比例约为 21.1%。在外来人口当中，来自土耳其的人口有 45568 人，占全市人口的比例约为 2.4%，而来自中东欧（波兰、保加利亚、罗马尼亚）和东南欧（北马其顿、塞尔维亚、克罗地亚）的人口分别占全市人口的 2.9% 和 1.2%。[2] 毫无疑问，较多的外来人口和移民背景者奠定了汉堡城市文化的多元属性，并成为影响汉堡当局制定政策的重要因素。然而，虽然汉堡在经济方面比首都柏林更具活力，但它的发展常常处于"首都优先"的阴影中。能够成为德国最富有的城市，汉堡一方面要感谢它所拥有的世界上最大的内陆港之一"汉堡港"；另一方面，在大都市的全球竞争中，汉堡独特的区位因素对于吸引投资和专业人才聚集也发挥着重要作用。2021 年，汉堡地区的全职雇员在全德范围内收入最高，平均每月的毛收入达到 5209 欧

---

[1] Statistisches Amt für Hamburg und Schleswig-Holstein, Bevölkerungsentwicklung in Hamburg 2023, Statistik Nord, 2024 年 5 月 28 日。

[2] Statistisches Amt für Hamburg und Schleswig-Holstein, Ausländische Bevölkerung in Hamburg am 31.12.2023, Statistik Nord, 2024 年 6 月 25 日（修正版）。

元（德国联邦统计局，2021）。根据德国 Brandmeyer 品牌咨询公司于 2020 年最新发布的全德城市品牌形象排名（每隔五年进行一次排名），汉堡继 2015 年登顶之后蝉联最具影响力的城市排名第一，并且在各年龄段受调查者（0—29 岁青年人、30—49 岁中年人以及 50 岁及以上老年人）的心目中都是德国最佳城市。[1] 与此同时，汉堡还是德国人心目中最喜爱的旅行目的地和潜在未来迁入地。2011 年，汉堡获评"欧洲绿色之都"（Green Capital），在促进城市可持续发展的道路上继续阔步向前。"生态的可持续性"也是该市在全球范围内进行城市营销的重要宣传领域之一。

汉堡与中国的交流历史悠久。早在 1731 年，第一艘来自中国广州的商船便满载茶叶、丝绸与瓷器来到了汉堡港。1986 年，汉堡和我国上海市结为友好城市。2021 年，两市喜迎缔结友好城市关系 35 周年。同年 10 月 26 日，首班中欧班列"上海号"从上海出发抵达汉堡，两国的经济合作在"一带一路"倡议的大背景下持续深化。

（二）经济发展

19 世纪末欧洲完成大规模工业化之前，汉堡作为汉萨同盟成员已有 700 多年的历史。作为地处欧洲中部的港口，国际海运使其昌盛。数个世纪以来，汉堡的经济活力始终来源于其在区域和全球格局中的重要地理位置（布鲁金斯学会，2013）。20 世纪 70 年代初，传统的海运贸易开始衰落，传统行业中的失业人数远超新兴服务业所创造的岗位数。城市产业转型带来的巨大压力甚至引发了工人骚乱和

---

[1]　https://www.brandmeyer-markenberatung.de/place-branding/stadtmarken-monitor.

绝食抗议活动。1983 年，时任汉堡汉萨自由市第一市长兼参议院主席的克劳斯·冯·多纳尼（Dr. Klaus von Dohnanyi）在题为"企业汉堡"（Unternehmen Hamburg）的演讲中号召汉堡人民万众一心，共克时艰，开展了轰轰烈烈的"企业汉堡"改革，希望以企业化方式来开展城市规划。[1]汉堡新的经济战略将重点放在高水平技能型产业上。另外，基础设施的重建能够促进经济增长，并使城市对高附加值产业更具吸引力。1985 年至 1990 年期间，汉堡吸引了近 400 家公司，创造了 16000 个新的就业机会。1989 年之后，东欧市场的开放也促进了汉堡经济的增长，现在汉堡市的许多技术工人都来自欧洲东部地区。尽管目前汉堡的大多数雇员主要集中在第三产业，但汉堡的"工业内核"并没有发生改变。目前这座城市的主要产业包括航空、石油、金属、化工、物流等，但出版、影视、广告、游戏业同样势头强劲。总而言之，港口在汉堡及汉堡都市区发展的核心地位没有发生变化。通过对地处汉堡的为生产商提供服务的公司代表（PSFs）的采访调查，可以发现，客户选择在汉堡设有办事处的全球生产商服务公司，不仅是出于汉堡的港口地位，更是基于服务供应商为其全球化布局提供的优质管理服务。这也解释了汉堡为何在全球商品链（GGK）中是一个重要的节点。另一方面，德国的联邦政治体系及其多中心的经济结构形成了一个功能分异的城市网络。自 19 世纪中期以来，德国城市化发展正是利用专业分工的特点，借助错位发展的思路形成别具一格的德国城市化发展道路，提高了经济效率并增强了整体经济竞

---

[1] https://www.ueberseeclub.de/resources/Server/pdf-Dateien/1985-1989/vortrag-1988-02-11Dr.%20Klaus%20von%20Dohnanyi.pdf.

争能力，使德国迅速崛起为世界性大国，走出一条成功的城市化之路。与其他类型的城市相比，综合性城市能够充分利用市场、资金、技术、人才等要素优势形成规模经济，并依据自身比较优势形成独特的发展模式。汉堡作为德国第二大城市将城市发展定位于德国重要港口城市，德国北部的经济中心、金融中心、商业中心，城市主要以贸易商业以及航运业为主导产业，19 世纪 90 年代以来积极发展造船业，成为德国重要轮船生产基地。

汉堡和其他德国城市以及欧洲其他国家的较高的相互关联度是以牺牲其全球联通性质量为代价的。由于金融 / 银行服务和法律服务所占比例较低，汉堡作为"国际大都市"在全球服务中的节点功能是有限的。在文化经济方面，虽然在这一行业内汉堡拥有全德最高的营业额和全德第二的雇员量，但就拥有的全球性媒体生产公司数量来看，柏林和慕尼黑这两座城市却展现出更强的国际联系性。可以确定的是，汉堡在本地媒体行业的地位非常强大，但可以在更高程度上参与全球媒体生产网络。

2008 年全球金融危机结束后，汉堡的经济总量在持续增长，成为全德最富裕的城市。在斩获"2011 年度欧洲绿色首都"的奖项后，汉堡凭借其创新、可持续、提供高质量生活的大都市形象进一步提升了城市影响力。2019 年，该市未就业率仅为 6.7%（受到新冠疫情的影响，2020 年和 2021 年这一数据分别为 7.6% 和 7.5%）。中小型企业在汉堡的地区经济和国际市场中方兴未艾。超过 10 万家公司和商人在该市的商会注册，超过 10% 的德国 500 强公司位于汉堡。汉堡有着宏伟的目标，不仅要扩大规模，而且要改善生活质量和商业环境。它已经是德国最具活力的经济中心之一，这要归功于它保留和吸引新公司和居民的能力（fDi Intelligence）。汉堡近几年的成功还与其对亚洲新市场的扩展有关：通过广泛与其他国家的城市建立友好城市关系、宣传其建设国际城市的倡议、丰富完善高等教育资源和文化供应，汉堡的开放态度吸引了大量中国和印度的高素质工人、东亚各个行业的专家以及年轻的毕业生们。[1]

对一个城市形象的看法会对人们选择居住地产生极大的影响。德国首都柏林的城市吸引力在于其成本效益、城市发展度和多元化，而汉堡的核心驱动力在于其有吸引力的工作机会、相对较好的城市发展度、多元化以及丰富的自然和娱乐资源。成本效益方面是汉堡市的主要弱点。毫无疑问，柏林是汉堡最强大的竞争对手，反之亦然。从对本地人和外地人的调查数据来看，两者在绿化和休闲娱乐领域仍有进步的空间（Sebastian Zenker，2012）。

城市品牌（City branding）的建设有必要通过精心策划的综合战略来进行，并且各部门要积极地进行相互沟通。孤立的宣传行为已不合时宜。成功的品牌营销可以把一个城市变成一个人们想要居住、工作的地方或是旅游的潜在目的地，并相应地助推地方经济的发展（Raimia Lima，2018）。2004 年，汉堡放弃传统的旅游目的地营销，转向战略性城市品牌建设。该市的品牌营销重点放在对外交流上，汉堡营销有限公司（Hamburg Marketing GmbH）的成立就是为了直接和间接参与其他主体和利益相关者开展的城市营销活动，并确保城市营销的高效性。汉堡的城市品牌营销已取得了有效成果：留宿旅客相较于 2005 年翻了一番，谷歌、脸书、西门子等公司入驻，迁入居民

---

[1]　https://www.brookings.edu/research/the-10-traits-of-globally-fluent-metro-areas/.

也在不断增长。

　　作为欧洲为数不多在 20 世纪 80 年代没有进行全方位去工业化的港口之一，汉堡在全球产业升级的浪潮中并非无所作为。一方面，汉堡通过多样化零售和科学经济突破港口的就业限制，另一方面启动集群战略以保持关键性优势。[1] 为应对全球化背景下日趋激烈的国际城市竞争，汉堡已将自身的定位从"世界港口"调整为"世界城市"。汉堡都市区域规划采取的策略有：城市营销、举办国际性活动、打造文化之都、扩建会议展览会馆、发展观光业以及老旧与闲置空间的再利用（薛德升，2011）。在后工业化时代的转型中，汉堡港的发展在很大程度上还需要服务（让步）于城市建设的全局。受到有限水路深度、额外运输时间和潮汐的影响，该港口面临着丢失世界市场份额的危机。即使在集装箱吞吐量大幅增加的情况下，由于自动化、经济活动与港口所在位置的进一步脱钩，以及如火如荼的生产和分销链的全球一体化，港口的就业机会预计将进一步减少。同时，港口的维护和发展意味着城市的大量可见成本，甚至可能是更高的隐性成本，未来几年这些成本还有上升趋势。在城市财政有限的情况下，投资于新兴产业和内城更新建设的资金将与港口建设的份额产生矛盾。而从另一个方面来看，该市的工业基础是由港口和航空航天工业提供的。汉堡市的第二产业和第三产业之间也存在着很强的互补性。此外，在服务行业的大多数分支中都存在着明显的专业化优势，相关领域和部门受运输成本的影响是相当不同的。这说明汉堡市内的一些经济活动并没有所谓的第一属性地理优势（first-nature geography advantages）。随

---

［1］　https://www.brookings.edu/research/the-10-traits-of-globally-fluent-metro-areas/.

着通勤能力的提升和西南部郊区的崛起，汉堡大都市圈将更加繁荣和具有吸引力（Amelie Boje，Ingrid Ott，Silvia Stiller，2010）。

港口的发展历经五个主要阶段：传统的内城港口（直至19世纪）、工业化港口（19世纪下半叶至20世纪初）、远离内城的高度现代化的集装箱码头（直至20世纪中期）、传统的港口地区变成城市荒地（20世纪60年代末，集装箱的引入加速了这一转变）以及这些荒地最终成为城市重建计划的目标。伦敦的码头区项目和汉堡的港口新城（Hafencity）都是典型的复兴计划项目。汉堡港口新城是欧洲范围内规模最大的都市更新计划地区，号称"欧洲滨水新城的蓝图"。在世界范围内对荒废的港口和海岸区进行结构置换的宏观背景下，汉堡可以说是一个"后来者"，这里的机遇从向其他海港城市学习的经验中得来。关系到开发用途、尺度计算、规划文化和实施恰当、未来能用的战略。一个富有海洋气息的活力之城将诞生于这个占地157公顷的"欧洲最大建筑工地"。同满是办公大楼和商店的传统意义上的市中心不同，港口新城将结合工作、居住、教育、文化、休闲、旅游等诸多元素，把生态可持续性、高质量公共空间、经济可持续性等纳入考量。此外，该地区的设计还考虑到了土地和水的互动性，既不以包围型堤坝抵水，保留城市港口氛围，也不掉以轻心，以土丘（warfts）抵御洪涝风险。通过发行宣传手册、开设专题节目、设立信息中心等多媒体宣传手段，展现项目建设过程，举行国际建筑竞赛，创造文化资本等营销策略，汉堡极大地提高了这一区域的关注度，并构建了自身的全球城市形象。目前，港口城市已经吸引了超过80亿欧元的私人投资，且其中大部分为国际投资。这一区域的建成，将重建汉堡城市中心区与易北河的联系，使汉堡重新获得城市与港口相结合的历史回归，这正是 Hafen（港口）-城市（City）的象征意义所在。除了汉堡港口新城建设，"跨越易北河"（Leap across the Elbe）项目计划通过将文化和民族多样性转化为优势，进而发展城市的多元化潜质。这些转型项目的成功推进，展现出汉堡在城市设计、地区改造、风力发电、绿色交通方面成为国际典范的潜力。

汉堡城市更新会使城市出现明显的阶层变化，人群流动与产业的置换，即绅士化过程（Gentrification）。这一过程一方面会引发地价上涨、原住民搬离，即社会分异的消极影响，而另一方面则会改变当地的经济结构，提高居民的生活水平，即城市复苏的积极意义。对于绅士化过程不能一概而论（胡文颖，2018）。达成城市社会、经济、生态层面和谐统一的可持续发展，是当代城市面临的最大挑战之一。汉堡利用新自由主义经济政策，以吸引中、高阶层外来人口入住和投资为目的进行"生态之城"城市营销，期望通过"滴漏式"经济理论（trickle-down effect，即下层受惠论）来同时达到社会和生态可持续发展目标，即"双赢"的局面。但汉堡当局同时应当在住房的去商品化方面多下功夫，并注重居民在城市规划过程中的参与度和话语权，才能够尽可能地避免出现实际效果和设想背道而驰的情况，即"两败俱伤"的局面。[1]

（三）文化政策

汉堡市成立了跨部门协作的劳动与融入局（Amt für Arbeit und Integration）专门负责制定跨文化策略和推行的行动方案。为了促进

---

[1] http://lup.lub.lu.se/student-papers/record/4451798.

外来人口的融入，汉堡并未划拨专项资金，而是倡导相关部门调整财政支出结构来达成跨文化融入的目标。当然，汉堡主管劳动、社会、民政、融入事务的部门在必要时也会为其他部门提供资金支持，以提升它们的跨文化开放度（intercultural openness）（ICC Index，2013）。直到 2009 年，汉堡都会给为促进社区文化多样性作出贡献的当地居民颁奖。目前，新取得德国国籍的当地居民都会被邀请前往汉堡市政厅参加归化仪式。2013 年，汉堡当局为融入政策设立了新的标准。新提出的"汉堡融入观念"（Hamburger Integrationskonzept）聚焦"欢迎文化"（Welcome culture）、"多样性"（Diversity）、"凝聚力"（Cohesion）三个重点。[1] 汉堡市鼓励不同文化背景或民族身份的社区居民进行交往和互动。汉堡市每年都会举办"邻里相连"（Nachbarschaft verbindet）活动来促进来自同一社区和不同社区的人们的交流。该市南部的 Reiherstieg，一个曾经容纳过来自 30 多个国家居民的工人阶级社区，在翻新改造过程中倡导全民参与，挨家挨户进行调查（door to door research），充分考虑到文化和民族的多样性和跨文化社区中个人、群体的不同需求，体现了当局对人口和文化多样性的重视。

教育方面，汉堡当局通过在当地近三分之一的小学开展"家庭文化教育"项目（Family Literacy Program），通过不同方式提升学前班和一年级学生家长们的读书写字能力，进而保障家庭教育的质量。此外，汉堡当地教师通过参加"跨文化统筹者"培训项目（intercultural

---

[1] Intercultural cities programme: Hamburg: Results of the Intercultural Cities Index，https://rm.coe.int/16802ff5f5，2013 年 10 月。

coordinators）、教师培训机构开设的跨文化交流论坛(intercultural forum) 等，在实践中获取灵感，推动学校跨文化项目的落地和实施。

汉堡当局在向各协会分配资助时会考虑到活动所包含的跨文化元素。汉堡市文化部为所有艺术类型（音乐、戏剧、舞蹈等）的跨文化项目提供的资助达到了每年 36.5 万欧元。这些项目和活动的目的在于鼓励来自不同文化背景的居民进行交流。2012 年，第四届跨文化联邦专家大会（Bundesfachkongress Interkultur）在汉堡举行，会议主题为"DiverCity——Realitäten_Konzepte _Visionen"（多元之城：现实、理念与视野）。为期三天的会议主要就艺术和文化在多元化社会中的核心作用作相关探讨。

另一方面，汉堡城区的巨变以及原本孕育创意工作的自由小生境（Niche）的流失加剧了城市发展中的冲突。有组织性的抗议活动频繁出现，强大的抗议网络不仅反对绅士化现象、反对拆除老建筑，并且明确指出应该抛弃由政府发起的"自上而下"的城市战略。甘厄区（Gängeviertel）是当局迫于社会压力购回并同艺术家们共同制定修缮和开发方案的一块区域，它成为艺术行业从业者运用"自下而上"战略自主创造的创意街区的典范。这一事例证明，"自上而下"和"自下而上"战略的结合以及对自由活动空间的尊重，才是城市发展的不二良策。

（四）社会服务

汉堡市将移民融入视为当前最重要的任务和挑战之一。当局通过开展针对移民背景青年的"我们就是汉堡！你不加入吗？"活动（Wir sind Hamburg, bist du dabei?），鼓励他们参加政府提供的职业培训和教育项目。外国人可以在当地的公共管理部门就业，并且汉堡市鼓励私营企业内部的跨文化融合及跨文化能力提升。为了达成这一目标，BQM（Beratung Qualifizierung Migration，移民工作资质咨询处）、ASM（Arbeitsgemeinschaft selbstständiger Migranten e.V，移民背景企业家工作小组）、IFW（Interkulturelles Frauenwirtschaftszentrum Hamburg，跨文化女性经济服务中心）等组织应运而生。另一方面，官方签署的有关在其行政管理和公共服务中禁止歧视民族/文化少数群体的宪章及由当局和超过1500家企业联合签署的"多样性宪章"（Charta der Vielfalt），也为移民在经济层面的融入提供了法律保障。

在城市复兴的过程中，汉堡市的威廉姆斯堡（Wilhemsburg）被当地政治家们选做改善地区形象、吸引投资和新中产阶级入住的试验区。当局试图通过国际建筑博览会（Internationale Baufach-Ausstellung, IBA）和国际园艺博览会（International Gardening Exhibition，igs）两驾马车来稳定房市并推动公共空间私有化。由于出现了租金上涨、公共空间的减少甚至消失以及日益加剧的社会分化，威廉姆斯堡重组工作组（Arbeitskreis Umstrukturierung Wilhelmsburg）建立。作为汉堡"城市权利"（Right to the City）组织的一部分，该工作组开展了广泛的针对性活动：抗议租金上涨、街头戏剧和表演，反对IBA和igs对艺术家和地区文化的利益化，以及通过开展批判性的社会学研究来对这一过程进行评估（Peter Birke，Florian Hohenstatt，Moritz Rinn，2015）。整体来看，城市更新项目的批评者和反对方主要参考了亨利·勒菲弗尔（Henri Lefebvre）的著作和其"城市权利"的理论，他们从城市社会学更广泛的分析视角出发，探讨两大展览会对居民的深层权利和社会平等的影响。而支持方也找到理论依据使其行动合理化，认为世界建筑博览会对处在社会转型过程中的城市的自身定位意义重大。

在新自由主义的城市、规划和政治理念的框架下，国际建筑博览会标志着一种范式的转变，即从一个拥有（住房和规划）政策，旨在为所有人提供可负担得起的住房的城市（这一点在 20 世纪 70 年代的社会住房计划中得到了实现），转变为一个倡导新自由主义，被压制在企业运作模式下，将规划降为项目管理的城市。这种企业化的城市对市民意愿口惠而实不至，当局通过所谓的"调查问卷式"的虚假决策参与方式剥夺了居民的决策权。"国际大都市"（Global Cities）、"后现代城市主义"（Postmodern Urbanism）等术语的出现其实也是在为企业化城市规划进行学术型赋权。从这个角度来看，"美化"成为城市设计的主要原则，为迎合中产阶级和上层阶级而营造了一个良好的氛围。

（五）国际传媒

作为德国的媒体之都，汉堡有近 11000 家媒体公司，相较 1995 年增长了 74%（fDi Intelligence）。除了 SPIEGEL、Gruner + Jahr、NDR、Warner Bros.、thjnk、XING 和 Smaato 之外，许多如 Google、Snapchat 和 Facebook 的全球性企业都在汉堡经营其德国业务。这里是《明镜周刊》（Der Spiegel）、《时代报》（Die Zeit）、《图片报》（BILD）的所在地，也是德国国家新闻栏目"今日新闻"（Tagesschau）的播出源。德国最重要的童书出版商奥廷格出版社（Oetinger）也坐落于此。汉堡电影节、国际短片电影节、德国电影遗产国际节均在汉堡举办，凸显了汉堡在影视和影视制作领域的重要性。除了传统媒体之外，还有很多的创新型传媒公司位于汉堡，如 Pay or Share 和 Meedia。Pay or Share 旨在调和数字消费者行为和市场原理之间的矛盾：如果用户阅读数字内容但不想付钱，则可以通过在社交媒体平台上分享内容来支付。而 Meedia 将自己描述为"对媒体行业感兴趣的人的全面信息来源"。该公司成立于汉堡，旨在记录和分析媒介数字化和传媒行业的转型。媒体制造商、广告商和企业传播专家等近 50 万互联网用户每天都会访问这个网站，以求深入了解未来的媒介世界。2019 年 9 月，国际新闻媒体协会主办的媒体创新周（Media Innovation Week）和全球调查性新闻大会（Global Investigative Journalism Conference）这两大活动同时在汉堡举办，短短一周内吸引了近 2000 名代表参会。这是一座不折不扣的国际传媒之城。

汉堡市在进行"欧洲绿色之都"的城市形象宣传时，展现了其利用多元化媒介的立体化矩阵策略。相关主题的环保期刊、日报社论、宣传册、海报等传统纸质媒介，精心设计的主题网站和脸书主页等网络媒介，与汉堡营销有限公司合作开展的国际新闻活动，以及独特的跨地区、跨国度"思想列车"信息传播载体，共同构建了全方位、多维度的城市形象传播矩阵。2010 年 10 月至 2011 年 12 月期间，仅仅是印刷行业的 6600 份左右的国家媒体报道就大约吸引了超过 3.8 亿的读者。这一期间的国际媒体报道大约有 1200 份。汉堡还通过开展一些国内和国际的相关活动来展现自己作为欧洲绿色首都的形象。许多国际代表团、参观团和国际（团体）记者都受邀来到汉堡，总共有大约 80 个来自世界各地的与环境保护有关的国际团体访问了汉堡。借助全面高效的宣传策略，汉堡市主动构建了创新、可持续、提供高质量生活的大都市形象，并且推动这一形象在全球范围内得到确立。

以汉堡的三大旗舰项目（Flagship Projects），即易北爱乐音乐厅（Elbphilharmonie）、国际建筑博览会（IBA）以及申办 2024、2028 夏季奥运会为例，对汉堡市的城市形象建设实践进行分析，可见易北爱乐音乐厅和国际建筑博览会实际提升了该城市的文化形象。但易北爱乐音乐厅的建设同时也产生了一些负面效应，如降低了其他景点的吸引力，并且一定程度破坏了城市"开放""包容""多元文化"的形象，因为这个项目的开展似乎只聚焦在城市发展的某一特定领域。而申办奥运会对"体育之城"的这一形象构建似乎毫无作用。一方面是因为奥运会的概念和汉堡自身"体育之城"的维度特征并不契合，这使得汉堡从"体育之城"到"奥运之城——世界之城的中心"（City Olympics—in the Heart of a World City）的城市形象的转换十分困难（Smith，2006），另一方面和参与调查问卷的受众也有一定的关系。如通过举办奥运会构建和提升城市形象的主要对象是全世界的观众，而非本地人；另一方面，奥运会的城市形象构建力主要体现在举办期间（Sebastian Zenker，2013）。在之后的奥运举办城市竞选中，汉堡选择了退出。

（六）生态环境

全球宜居性排名（The Global Livability Ranking）是由经济学人智库（EIU）发布的一项年度报告。根据对稳定性、医疗保健、文化和环境、教育和基础设施的评估，该机构对全球 140 个城市的城市生活质量进行排名。自 2015 年该报告首度发布以来，德国城市中仅有汉堡一市曾进入前十的榜单（2016、2017 年汉堡市曾连续两年获得该榜单第十名）。[1] 2017 年，汉堡在这一报告中的"基础设施"和"医疗保健"两大领域获得满分 100 分的评价。虽然《纽约时报》曾在 2010 年批评该报告"把说英语和宜居性画等号"，对该排名的客观性提出了质疑，但这恰恰从另一个角度证明了汉堡作为德语区城市上榜的实力。值得一提的是，汉堡同样入选了《纽约时报》的"2017 年 52 个必去之地"榜单，该报将汉堡描述为"建筑和设计的天堂"。同年，极具视觉冲击力的易北爱乐音乐厅（Elbphilharmonie）开放。这一建筑被认为是汉堡同纽约、伦敦和悉尼等城市在文化形象上同水平竞争的标志（Hamburg Marketing GmbH，2010；Stiftung Elbphilharmonie，2010）。兼具观光和防洪功能的易北河畔台阶（Elbtreppen）与在 2015 年被授予联合国教科文组织世界文化遗产的仓库区（Speicherstadt）都是游客必打卡之地。当然，目前类似上述的排名评价体系本身也存在着诸多不合理性，如它们都是基于一些例如就业率和居民人数等硬性数据来对不同城市进行对比（Grabow，Hollbach-Grömig，& Birk，2006），而在很大程度上忽视了问题本身的复杂性和目标受众的实际认知（Anholt，2014）。即便一些机构将目标受众的认知纳入实际调查的考量，最终发布的排名也只能为有效的城市品牌管理提供相当有限的参考信息。另外，从市民的视角出发，有些位于不同国家的城市之间在特定领域并不存在所谓的竞争关系，如德国的汉堡和加拿大的多伦多（Sebastian Zenker，2012）。

---

[1] The Global Liveability Index 2021，https://www.eiu.com/n/campaigns/global-liveability-index-2021/，2021 年 6 月 9 日。

根据汉堡市能源和环境部提供的数据，绿地、休闲区和森林占到了汉堡大都市区面积的 16.5%，自然保护区占城市面积的近 9%，而景观保护区则占到了 19%。根据预测，到 21 世纪 30 年代中期，将有多达 190 万人口居住在汉堡，这无疑给汉堡的社会管理和环境政策带来了巨大的挑战，涉及的领域包括交通、碳排放、土地租金、城市用地等。通过参选欧洲绿色之都（Green Capital），汉堡想要知晓自身和其他欧洲城市相比在城市环境和气候保护方面的水平差，并且在国际上提升自己作为一座"能够为居民提供高生活质量的绿色都市"的知名度。2009 年，汉堡击败其他 34 座竞选城市，在当年 2 月份被欧盟委员会授予"2011 年度欧洲绿色之都"。思想列车计划（Train of Ideas）是欧盟委员会当年授予汉堡"2011 年度欧洲绿色之都"的重要原因之一。[1] 该项目不仅证明了汉堡有能力将绿色之都的理念传达给国际受众，还成功地展现了这座城市的高生态标准及其对可持续性未来的大胆设想。这一包含七节车厢的"移动展厅"从汉堡出发，途经 10 个欧洲国家的 17 个城市，拥有"城市发展与生活""交通""能源与气候保护""自然与公园""资源保护与商业""消费"6 个展示主题，吸引了超过 7 万观众，远远超出了预计的 4 万人目标。

《汉堡市 2007—2012 应对气候变化方案》（Climate Action Plan 2007—2012）同样是汉堡市荣获"欧洲绿色之都"的重要原因之一。2012 年，汉堡市的碳排放量相较于 2007 年减少了 200 万吨，完成了该应对方案的预期目标。2013 年，汉堡参议院通过《汉堡市应对

---

[1] https://ec.europa.eu/environment/europeangreencapital/wp-content/uploads/2011/04/Hamburg-EGC-5-Years-On_web.pdf.

气候变化总体方案》（Master Climate Action Plan），对城市在 2020 年和 2050 年这两个时间节点所要达成的目标做了详细的规划，整体目标是到 2020 年时将二氧化碳排放量减少 40%，到 2050 年至少减少 80%，从而将全球变暖限制在 2 摄氏度以内。[1] 通过倡导居民改造"绿色屋顶"（Green Roof Strategy）、成立"电网咨询委员会"（The Grid Council）、将废弃能源站和垃圾堆放区改建为太阳能电站（Enery Bunker）和风力发电站（Georgwerder Energy Hill）、同石勒苏益格-荷尔斯泰因州合作"新 4.0 北德地区能源转型"（New 4.0 North Germany Energy Transiton）项目、同超过 1000 家企业联合签署"生态伙伴"协定（Eco-Partnership）等方式，汉堡市在节能减排方面所实行的政府主导、民众参与、政企合作、创新驱动的整体方略取得了极大的成效。

三、东京都多元文化建设

（一）城市特征

东京都，简称东京（Tokyo），是日本的首都，也是日本政治、经济、文化、教育中心和海陆空交通的枢纽。《全球城市竞争力报告》（2021—2022）显示，东京的经济竞争力仅次于纽约、新加坡、旧金山和伦敦，其城市可持续竞争力位列全球第一。[2] 根据世界城市研

---

[1] Hamburg Senate: Master Plan for Climate Protection—Objectives, content and implementation，https://www.hamburg.de/contentblob/4357530/23474f900f9bf2c0384158f5ee599e03/data/d-20-8493-master-plan-for-climate-protection.pdf，2013 年 6 月 25 日。

[2] 中国社会科学院（CASS）、联合国人居署（UN-Habitat）：《全球城市竞争力报告（2021—2022）》。

究机构"全球化与世界城市研究网络"（GaWC）2024 年发布的数据，全球 A++ 等级城市是伦敦和纽约，东京位列全球 A+ 等级城市。[1]

东京位于日本列岛中央的关东地区南部，是由 23 个特别区及 26 个市、5 个町、8 个村构成的广域自治体，人口约 1329 万。东京的历史可以追溯到约 400 年前，1603 年德川家康在这里建立德川幕府，东京由此开始了它的繁盛时期。当时，东京被称为江户，是日本政治及文化中心。18 世纪中期，东京已经发展为人口超过 100 万的大城市。[2]1962 年，东京都人口首次突破 1000 万。1964 年，东京成功举办第 18 届夏季奥林匹克运动会，并在此之前开通了新干线和首都高速路，为今天的首都繁荣打下了基础。

截至 2024 年 10 月，巴黎、伦敦、纽约和东京连续 8 年蝉联科尔尼《全球综合城市排名》榜单前 4 强，东京则连续 10 年位列第 4，其城市综合实力尤为稳定。[3]东京维持了在各维度的出色表现，尤其在人力资本和文化体验方面，其中，东京高等学历人口数量的得分最高。在欧洲的综合杂志 MONOCLE 的"世界宜居城市排名"中，东京一举夺魁。该杂志高度评价了东京电车的准时运行、各种一流的食材、位于小巷的餐饮店等。此外，东京积极缩小生活差距，并努力解决治安不稳现象，被评为"世界上最安全的城市"。[4]

英国经济报纸《金融时报》每 2 年从经济增长潜力等 6 个方面

---

[1] 全球化与世界城市研究网络（GaWC）：《2024 年世界城市体系排名（World Cities 2024）》。

[2] Mayor of London: World cities culture report 2018，2022 年 12 月 7 日。

[3] KEARNEY:《全球综合城市排名（GCI）》，2024 年 10 月 21 日。

[4]《东京都市白皮书（2015 版）》。

对全球城市进行分析。东京在亚太地区的 163 座城市中，获得了第 2 名。东京高品质的基础设施建设以及对内直接投资战略受到了赞扬。若要获得第 1 名，东京则需要在提高市民英语交际能力方面下功夫。

（二）文化城市

2001 年日本国会制定了文化艺术振兴基本法，该法体现了日本的文化政策，从完善文化设施的文化艺术振兴转变为对文化艺术创造传播的支持。通过促进文化艺术相关的活动者（及团体）的自主活动，实现国民富裕的精神生活。

东京都的文化政策建立于对欧美都市竞争的意识之上，强调文化创造与传播功能。在日本，由文化厅制定文化政策的范围，包括文化振兴与普及、文化财产的保存与利用、国语的改进、著作权的保护、宗教事务行政（国语与宗教事务相当于无形文化）。除了文化厅以外，总务省、外务省、经济产业省等机构也执行地域文化、国际交流、文化产业等相关政策。东京文化空间格局受城市规划与铁路网延伸影响较大，以"网络状＋带状"形态覆盖拓展，千代田区作为文化核心区域，以传统文化为主、较好地保留了江户时代的文化，新宿、涩谷和品川区集聚多功能文化副中心，共同构成了东京城市文化空间网络。

东京都文化振兴指针。2006 年，东京都出台了《东京都文化振兴指针（草案）》（以下简称《草案》），旨在建设创造性文化的都市，确定了东京面向世界的文化创造与传播的政策。《草案》基本目标如下：（1）将东京建设成为一个让世界感受到文化吸引力的城市；（2）将东京建设成为一个居民可以为其文化财富感到自豪的城市；

（3）将东京建设成为一个具有丰富文化创造底蕴的城市。《草案》具体措施包括：（1）扶持新兴和年轻的艺术家；（2）创造和传播艺术文化；（3）培养艺术文化人才；（4）培养儿童的丰富感受力；（5）促进东京市民的文化活动；（6）文化继承和发展；（7）振兴观光产业、发展与城镇建设合作；（8）推进都市文化设施改革并提高其吸引力；（9）完善促进文化推广体制。

东京都的世界文化政策。《草案》指出，长期以来，世界上的主要城市都从城市政策的角度考虑文化问题，不仅是对文化本身的保护和振兴，也包括对经济、工业和旅游业的振兴，以及以"欧洲文化之都节"[1]为例的跨国城市间的交流政策。东京也有必要将"文化角度"纳入城市管理，使城市在国内和国际上更有吸引力。以城市景观为例，外国人对东京的城市景观评价比较苛刻，但同时他们对文化城市的规划有很高的兴趣。在促进文化和艺术方面，有必要从综合城市管理战略的角度来解决这个问题，包括促进工业、旅游业和城市发展，而不仅仅是狭义的文化政策。

把东京建设成一个让世界感受到文化吸引力的城市。充分利用都内的文化设施，积极推广东京创造的新型舞台艺术，举办国际音乐节。例如，"天堂艺术家事业"目前已拥有267组表演者，今后还要将活动场所扩大到全国范围；强化与观光产业的联合，利用文化魅力使东京充满生机；扩大东京外景地拍摄的功能，通过图像强化东京对外界的传播 (东京野外摄影基地 Tokyo Location Box)；举办东京国际

---

[1] 自 1985 年以来，该节日在每个欧盟成员国轮流举办，以城市（文化之都）为舞台，举办各种文化活动和城市间交流。

电影节（TIFF）、亚洲舞台艺术节、市民艺术节、东京歌剧森林等，吸引世界各地的艺术爱好者。

《草案》指出，除了引进日本传统文化外，还应积极向国外推广象征现代日本的文化，全面提升日本的国际形象和品牌力。日本政府应该把这个问题作为国家战略来解决。对当前日本文化的概述显示，这一战略应该包括电影、漫画/动画、当代艺术、人物、游戏、当代建筑、时尚、当代舞蹈、J-POP 和电子音乐等。虽然有许多"日本文化"的形式不一定诞生于日本，但已经可以在全球范围内竞争。

这些文化中，也有许多是在东京发展起来的，它们吸引了全世界的关注，被认为是"日本潮"（Japan Cool），从国家的角度来看，需要东京做好积极的文化传播，向世界传递现代文化以及日本传统文化的吸引力，并在国际上推广其作为日本乃至亚洲文化之都的形象。

东京都文化政策中的民间非营利组织（NPO）。2003 年 6 月《地方自治法》的修订中引入了对公共设施的制定管理者制度，以取代以往受托人只限于公共组织的管理合同制度，新制度表示私营企业和民间非营利组织（NPO）可以代管公共设施，旨在利用 NPO 服务和降低成本。东京都存在许多艺术 NPO，并且 NPO 呈现出向东京都集中的趋势。东京都的文化型 NPO 支持艺术家和艺术组织，或将艺术家与居民联系起来，并且近年来与公共行政部门合作开展文化和艺术活动的案例越来越多。《草案》指出，东京都应当考虑政府如何与参与文化和艺术活动的组织和专家、国家、区、市、企业以及 NPO 等合作。

东京文化政策的未来。为了将文化项目和新冠肺炎疫情中的发现和经验作为城市的遗产来发展，《东京文化战略2030》[1]出台。该战略包括：在城市各处借助城镇艺术中心或线上的方法，使每个居民在任何地方都能接触到艺术和文化；城市公民自己创造和传播新技术；形成国内和国际文化艺术中心网络；建立一个使艺术家、艺术和文化组织等能够随时开展活动的新体制。

在面向世界的战略中，东京将继续作为国家和国际艺术领域的中心，加强艺术和文化中心的功能，产生令世界着迷的创造力。通过建立一个新的艺术和文化领域的信息收集和交流中心，创造和传播东京吸引世界的艺术和文化；实施各项举措，使东京的文化设施与有吸引力的地区设施形成网络，并在共同制作、人才交流和信息方面发挥核心作用；发现和培养有才华的艺术家，支持他们的海外发展。海外战略包含两个项目：一是艺术中心项目（Art Hub）。该项目旨在将不同的文化资源联系起来，形成连接世界的枢纽，从而带动城市的发展；作为项目的核心，建立一个交流和传播艺术和文化的中心，即"东京艺术中心"。二是海外输出项目。该项目旨在传递东京的魅力，积极推动海外发展；并实施分步培育支持等以培养能在国际上工作的艺术家；开发入境（inbound）节庆活动和项目；并向世界传达作为东京魅力源泉的艺术和文化。

（三）福祉城市

东京都下设福祉保健局，其中有11个部门：总务部、企划部、指导监查部、医疗政策部、保健政策部、生活福祉部、高龄社会对策

---

[1]《东京文化战略2030》，2022年4月26日。

部、少子社会对策部、推进残疾人措施部、健康安全部、感染症对策部。主要工作是满足居民从生育、育儿期到高龄期的所有人生阶段的各种不同需求，一体性、综合地推展福祉、保健、医疗措施，以便全体居民都能够在社区放心生活。其中包括实施对儿童及育儿家庭的支援、对残疾人及老年人的支援、低保和无家可归者对策、推进福祉城市的建设、完善医疗服务体制、促进健康、疑难病症对策等的措施。此外，还负责对社会福祉设施及医疗机构等进行指导检查，并对食品、医疗用品进行监督指导、开展环境保健对策、感染症对策等，以切实应对健康危机等。

外国人福祉。日本已经进入超级老龄化社会。[1]在这个快速发展的超级老龄化社会中，需要引入大量劳动力。例如，厚生劳动省估计，到 2025 年末需要 245 万名护理工作者。目前正在寻求全面的措施来解决这些问题，包括：（1）改善报酬；（2）确保多样化的人力资源；（3）防止离职、促进留任和提高生产力；（4）提高护理人员的吸引力；（5）改善接受外国国民的环境。[2]2018 年 12 月修订的《移民控制和难民确认法》设立了两个新的居留资格，即"特定技能第 1 号和第 2 号"，并扩大了对外国工人的接受。

对外国人的接受也可从东京都的人事录用政策中窥见一斑。在外国人聘用方面，72 个工种中 44 个工种解除了国籍条件，正在努力扩大录用机会。丰田对纽约、伦敦、东京、大阪四个城市居民对城市政

---

［1］ 一般来说，超过 7% 的老龄化率（指 65 岁及以上人口占总人口的比例）被称为"老龄化社会"，超过 14% 被称为"深度老龄化社会"，超过 21% 被称为"超级老龄化社会"。

［2］ 厚生労働省社会：援護局福祉基盤課福祉人材確保対策．「福祉・介護人材　確保対策について」国際移住機関ウェブサイト，2022 年 12 月 10 日。

策的意见调查中发现，东京居民对外国人的警戒度比大阪市低，证明了东京的开放性和包容性更高。

残疾人福祉。除了残疾人的生活保障外，东京都政府一直在实施残疾人艺术活动基础设施发展项目，该项目旨在进一步促进残疾人的艺术和文化活动，并通过艺术和文化活动促进残疾人的独立和社会参与。残疾人艺术文化活动支援中心[1]建立了"残疾人艺术文化活动支持中心"，作为支持从事艺术文化活动的残疾人及其家属、残疾人福利服务机构、文化设施和支持团体的基地，并开展以下活动：（1）为在东京从事艺术和文化活动的残疾人及其家人、残疾人福利服务机构、文化设施、支持团体等提供咨询和支持；（2）培养人才以支持艺术和文化活动；（3）形成有关人员的社会关系网；（4）创造展示机会；（5）收集和传播信息。

高龄者福祉。为了使身处超级老龄化社会中的老年人能够在晚年生活中没有焦虑，东京都认为重要的是住房和福利政策要共同合作，根据老年人的情况为他们提供一个合适的"家"。在这样做的过程中，有必要从传统的机构护理和家庭护理之间的选择转向一种新的选择，即"附有看护的居住"，[2]当老人遇到困难时，即使他们目前生活得很好，也可以得到支持。特别是，随着单身老人家庭和需要护理的老人数量的增加，老人对可以居住的带护理的住宅需求很大。

---

[1] 2022年度，由东京残疾人艺术支持中心（Rights）负责支持东京残疾人的艺术和文化活动。

[2] 日文原文「ケア付き住まい」，東京都都市整備局住宅政策推進部：『東京都における高齢者の新たなすまい—「東京モデル」の整備について』。

后　记

　　党的十八大以来，习近平总书记多次就加强国际传播能力建设发表重要讲话、作出重要指示。习近平总书记强调，"要深刻认识新形势下加强和改进国际传播工作的重要性和必要性，下大气力加强国际传播能力建设"。在习近平文化思想的指引下，构建具有鲜明中国特色的战略传播体系，提升国家文化软实力，已经成为新时代推动社会主义文化大繁荣、增强国际话语权的重要战略任务。上海作为站在改革开放前沿的国际化大都市，是践行习近平文化思想的最佳实践地之一，在国家整体文化战略中发挥着不可替代的作用。如何以立体化、多维度的方式向世界展现真实、全面的城市形象，讲好中国故事、传播好中国声音，是上海在全球城市竞争格局中脱颖而出的关键命题。本书立足这一时代背景，深入剖析上海作为社会主义现代化国际大都市的国际传播现状，探索切实可行的提升策略。

　　本书的初稿是上海市哲学社会科学规划课题"上海建设卓越的全球城市的跨文化战略研究"（项目编号：2018BCK009）的部分成果，完成于2023年1月。由于大多数数据收集于2021—2022年，其描述的上海城市形象与目前的现状有所差异。为此，课题组重新组建了由6位师生构成的数据收集团队，对国内外社交媒体平台的数据进行重新抓取和梳理，并设计半开放式调查问卷对270位在沪外国留学生和从业人员以及80位本地居民进行调研。虽时间紧、任务重，但团队成员加班加点、高效高质完成了调研任务。感谢上海外国语大学何晖老师，上海中医药大学李芳老师，上海外国语大学新闻传播学院张兆丰、安心、方元和武春晖等同学在数据收集和分析方面的贡献。

在本书撰写和修改过程中，骆金龙承担第一章"上海提升城市国际传播能力的战略导向"的写作，陈思甜参与第二章"上海提升城市国际传播能力的理论阐释"的写作，杨雨寒、李欣楠参与第五章"上海提升城市国际传播能力的优势与不足"的写作以及整本书稿的校对工作，李魏欣参与第六章"上海提升城市国际传播能力的战略构想"的写作和校对工作，赵扬参与第七章"上海提升城市国际传播能力的策略建议"的写作和校对工作，在此感谢团队成员的辛苦付出。

本书的出版离不开上海哲学社会科学规划办公室、上海人民出版社、上海外国语大学中国国际舆情研究中心给予的支持和帮助，在此表示诚挚感谢！

作　者
2025 年 3 月

图书在版编目(CIP)数据

全球叙事：上海国际传播能力提升战略 / 索格飞著.

上海 ： 上海人民出版社，2025. -- ISBN 978-7-208
-19439-7

Ⅰ. G219.275.1

中国国家版本馆 CIP 数据核字第 202580E2Q1 号

责任编辑　刘　宇
封面设计　汪　昊

全球叙事：上海国际传播能力提升战略
索格飞　著

出　　版　上海人民出版社
　　　　　（201101　上海市闵行区号景路 159 弄 C 座）
发　　行　上海人民出版社发行中心
印　　刷　上海中华印刷有限公司
开　　本　787×1092　1/16
印　　张　13.5
插　　页　2
字　　数　154,000
版　　次　2025 年 6 月第 1 版
印　　次　2025 年 6 月第 1 次印刷
ISBN 978 - 7 - 208 - 19439 - 7/D·4481
定　　价　60.00 元